Smile

요가 & 필라테스

Yoga and Pilates

Yes Media Group
예스미디어
www.ymg.kr

요가는 현대인들의 다양한 정신적 스트레스 해소와 신체적 건강함을 향상시킴으로써

긍정적 삶을 살아가는데 도움을 준다.

또한 요가는 명상과 호흡을 통해 집중력을 향상시켜 건강한 생활을 할 수 있도록 도와준다.

이 책은 요가를 처음 접하는 분이나, 시간이 없어 운동을 미루고 있는 직장인 등 누구나 쉽게

따라할 수 있도록 자세한 자세 설명과 효과 효능에 대해 충분히 설명이 되어 있다.

건강한 정신은 건강한 육체에서 나온다는 말이 있듯이, 매일 매일 조금씩 요가 수련을 하면

어느덧 달라져있는 스스로를 발견할것이다.

'요가는 건강하고 아름다워지는 습관입니다'

-나마스떼Namaste-

저자 일동

완성동작

반달자세

삼각자세

상체굽히기

요가 　　• 요가복, 매트

필라테스 　　• 요가복, 매트, 짐볼, 써클링, 폼롤러, 밴드

지은이

배미선

대구가톨릭대학교 대학원 체육과학과 이학박사
경일대학교 교양학부 외래교수
E-mail: yoga0724@daum.net

안윤희

안윤희 요가&필라테스 운영(현)
안윤희 한국 요가테라피 협회 대표
인도 Mangalore 대학교 연수 교육과정수료
티벳 Central 대학교 연수 교육과정수료
SDM 대학 연수 교육과정 수료
Muniyal 아유로베다의과 대학 연수 교육과정 수료
영남대학교 스포츠과학대학원 석사학위
블로그 http://blog.naver.com/nereid57

최혜임

Nano Pilates 대표
I.N Pilatainment 대표
Somatic Pilates Education & 대구지부장
Top-Fc Shin MMA Pilates Education
KASI Pilates Education
영남대학교 스포츠과학대학원 석사학위
E-mail: nanop0510@daum.net

장윤영

Y요가센터 원장
대구시 요가연합회 이사
맘스티비 출연

안정희

영남대학교 스포츠과학대학원 석사학위
2급 생활스포츠지도사 보디빌딩 취득
안윤희 한국요가테라피협회 1급자격증 취득
안윤희 요가&필라테스 부원장(현)
50사단 그린캠프 요가강사(현)
FISAF Personal Trainer 취득

part 1. 요가

part 2. 필라테스

part 1. 요가

1. 요가 이론

 요가의 정의

요가란 산스크리트어로 결합한다는 어원인 유즈에서 시작되었다. 말을 잡아맨다 또는 수레에 말을 맨다는 뜻에서 흔히 합일하다, 결합하다라는 뜻으로 사용되었고 억제 삼매의 뜻을 함께한다.

요가는 자기 자신안에서 정신과 육체의 조화와 합일을 이루어 나가고 세상의 조화와 합일을 이루어 역동적인 힘을 이끌어내어 열정적인 삶을 살아가자는 적극적인 수행법이다. 요가는 명상수행에서 몸과 마음 그리고 정신의 치료적으로 쓰일수 있고 육체적으로 건강을 지키며 다양한 방법과 심리학적인 체계를 가지고 있다.

> **요가경전 1장 2절**
>
> **YOGA'S Chitta Vrtti Nlrodhah 요가 치타 브르띠 니로다**
>
> 요가는 마음의 작용을 없애는 것이다.

 요가의 역사

요가의 역사는 약 5,000년 이상 되었다고 전해지고 있지만, 9,000년이상된 인도의 영적서적인 베다에 이미 요가라는 말이 나오고 있다. 다양한 종교의 가르침속에서 요가에서 가르쳐지는 지식과 행법들이 많이 발견된다. 이러한 근원적인 인간의 심심의 건강을 지키고 보다 행복하고 자유로운 삶을 살고 싶어하는 인간의 본능적인 욕망으로부터 시작되고 연구, 실행 되어져온 요가가 하나의 학파로 정립되기 시작한 것은 약 2,000년경 전의 파탄잘리라고 하는 요가 수행자에 의해서이다.

요가의 종류 · 효과

- 박티요가(Bhakti Yoga 감정순화에 의한 헌신의 요가)

- 즈나나요가(Jnana Yoga 이성개발에 의한 지혜, 지식의 요가)

- 라자요가(Raja Yoga 심리적 통제에 의한 심신 과학의 요가)

- 카르마요가(Karma Yoga 사회활동에 대한 행동규제의 요가)

- 탄트라요가(Tantra Yoga 욕구 통제에 의한 육신 해방의 요가)

- 하타요가(Hata Yoga 음양조화에 의한 심신조화의 요가)

- 쿤탈리니요가(Kundalini Yoga 신경력 개발의 요가)

- 만트라요가(Mantra Yoga 심신을 정화시키는 요가)

 ## 요가의 호흡법

- 프라카(Puraka) 들숨이라 하며 숨을 들이마시는 행위

- 안타라 쿰바카(Antar Kumbhaka) 들숨을 하고 난뒤 숨을 멈추는 행위

- 레차카(Recaka) 날숨이라하며 숨을 내쉬는 행위

- 바야 쿰바카(Bahya Kumbhaka) 날숨하고 난후 숨을 멈추는 행위

쿰바카 Kumbhaka

쿰바카는 항아리, 단지, 주전자를 의미하는데 호흡법에 있어서 숨을 멈추는 행위 지식 호흡을 말한다. 숨을 멈추는 것이 프라나(Prana)를 의식에 집중하는 곳으로 순환한다는 뜻이며 프라나야마(호흡법)을 하기 위해 필수적인 요소이며 동일한 의미이기도 하다.

요가를 하면 좋은 이유

- 식욕을 조절하는 뇌가 제 기능을 하게 되어 적당량만 섭취한다.

- 위를 죄어 내장의 위치를 바로 잡고 과식을 방지한다.

- 혈액순환을 원활하게 하고 피부대사작용을 왕성하게 해준다.

- 몸 속의 췌장이 자극되면서 제 기능을 발휘하여 비만을 예방한다.

- 요가 감식법은 먹는 양을 절반으로 줄여준다.

- 편안한 마음으로 명상을 즐기고 산책을 하면서 명상을 하는것도 좋다.

요가는 이런 효과가 있다

- 몸을 유연하게 하면서 기혈 순환을 활발하게 하며 지방을 없앤다.

- 몸에 충분한 산소를 공급하여 머리를 맑게하고 집중력과 인내력이 생긴다.

- 좌우 균형을 맞추고 근육을 이완시키고 쌓인 피로를 푼다.

- 아사나를 하면서 마시고, 내쉬는 숨에 폐활량을 길러준다.

- 몸 속의 불필요한 지방을 태우고 독소 노폐물을 제거한다.

- 몸에 쓰지 않는 모든 세포를 자극시켜 유연성과 근력을 길러준다.

- 기초대사량을 증가시키고 내분선을 자극시켜 신진대사를 원활하게 한다.

처음 요가를 할 때 알아야 할 사항

준비

- 옷은 가볍고 편하게 입는다

- 식사는 요가하기 2~3시간전이 좋다

- 요가후에는 30분이상 지나서 하면 좋다

- 악세사리나 안경은 벗고 한다

신체에 일어나는 현상

• 너무 잘 하려고 애쓰는 과정에서 기운이 위로 올라가서 얼굴이 붉어지거나 머리가

일시적으로 아플수 있으나 걱정하지 않아도 곧 좋아진다.

• 사용하지 않던 근육이나 관절 자극으로 일시적으로 당기거나 뻐근하고 저릴수 있으나

곧 좋아진다. 혈압이 낮거나 높은 경우 속이 울렁거리거나 매스껍고 어지러울수 있으나

곧 좋아진다.

• 잠이 많이 오는 사람도 있는데 이것은 좋은 현상이다.

• 식욕이 줄고 식사량도 많이 줄어들 수 있다.

방법

• 동작에 따라 호흡을 맞추고 정신을 집중해서 명상적으로 한다.

• 하기 힘든 쪽이나 잘 안되는 부위를 더 열심히 한다.

• 다른 사람과 비교하지 말고 자기에게 맞게 한다.

• 너무 힘들거나 무리가 되면 잠시 쉬었다가 한다.

• 가능한 매일, 규칙적으로 하는 것이 좋다.

요가 수행의 8단계(아쉬탕가 요가)

1단계 **야마 (Yama)** – 사회적 준수사항

1. 살생하지마라 (Ahimsa) 상대방을 무시, 험담, 비웃음, 권력남용, 무관심 등은 모두 살생과 같다.

2. 거짓말하지마라 (Satya) 요가는 진실에 대한 바른 이해를 추구하고 정직하며 그가 말하는 대로 행동과 경과가 이루어진다.

3. 도둑질하지마라 (Asteya) 자신의 노력으로 자신의 땀의 댓가로 살아라

4. 성결하라 (Brahmacarya) 지나친 성욕을 억제하라.

5. 탐욕하지마라 (Apanigraha) 필요한 만큼만 가져라. 모아서 쌓아두지말라

2단계 **니야마 (Niyama)** – 개인적인 권고사항

1. 청결하라 (Shaucha) 몸과 마음을 깨끗이 하라

2. 만족하라 (Santosha) 자기 자신과 환경조건을 항상 만족하고 감사하라

3. 인내하라 (Tapas) 육체적 고행 : 절제와 비폭력, 청결, 건강
언어적 고행 : 바르고 진실한 말을 하라
마음의 고행 : 고요하고 잔잔하도록 명상의 열심을 가져라

4. 공부하라 (Svadhyaya) 끊임없이 배움의 자세로 살아라

5. 기도하라 (Pranidhana) 자기가 믿는 신을 더욱 열심히 신앙하라는 뜻이다.

3단계 **아사나 (Asana)** – 운동법, 좌법

바른자세와 아름다운 몸은 탄력과 유연성의 조화이다.

4단계 **프라나야마 (Pranayma)** – 호흡법, 조식법

호흡이 수련되면 내부와 외부가 합일하여 내외의 대상에 대한 구분이 없어지고 초월감이 생긴다.

5단계 **프라타야하라 (Phathyahara)** – 감정, 제감법

오감을 억제하고 조절하여 타성에서 벗어나 실상을 알기위한 감감과 욕구 제어 수련방법이다.

6단계 **다라나 (Dharana)** – 정신집중법

하나의 대상에 마음을 집중시키는 수행단계인 것이다.

7단계 **디야나 (Dhyana)** – 의식확장, 명상법

대상을 초월하고 무념, 무상, 무심의 상태로 들어가 사물의 본질을 이해하는 사고의 원심적 수련법이다.

8단계 **사마디 (Samdhy)** – 깨달음 합일

나와 자연이 하나되고 해탈과 깨달음의 상태로 완전한 자유와 만족의 경지이다.

차크라 Chakra

차크라

산스크리트어로 바퀴 원형을 말한다. 차크라는 육체적, 정신적 에너지라 할 수 있다.
프라나(Prana: 에너지)집중된곳을 차크라라고 하며 흘러가는 통로를 나디(Nadii)라 한
다. 즉, 생명의 에너지가 집중하는 에너지를 센터라고 할수 있다. 이 생명의 에너지는 바
퀴처럼 돌면서 각 차크라를 일깨워 궁극적으로 영적인 각성을 가져오게 한다. 차크라는
우리 몸에 7개가 있으며 7개의 차크라가 열려나가는 과정에서는 인간의 신체와 정신이
진보적 상태로 변화, 발전, 성장을 하는 차크라 수련법이다.

쿤달리니 Kundali

쿤달리니 각성이란 척추의 끝 꼬리뼈에 뱀의 또아리이며 물라다라차크라라고

상징되며 잠가고 있는 뱀으로 상진된다. 원초적 생명에너지 중심지이며

주요 척추에너지 통로인 수슘나를 통해 모든 차크라를 통과해 머리에

있는 사하스라라 차크라로 바로 올라간다. 차크라 통로를 지나 점점

상승하여 신성이 열리고 우주와 합일되는 상태를 말한다

 기(氣)의 통로 생명에너지

7개의 차크라

1. 물라다라 차크라 Muladhara Chakra 생명의 근원

근본은 뿌리이며 쿤탈리니 샥티가 잠들어 있는 곳이다.

2. 스왈스타나 차크라 Svadhishana Chakra 성력의 근원, 생기의 샘

생명력, 영혼이란 의미가 있고 배꼽밑에 생식기에 위치하고 부신 호르몬을 관장하며 관능, 감정과 만족을 느끼는

능력을 보여주는 곳이다. 위치는 천추 2번에 있다.

3. 마니푸라 차크라 Manipura Chakra 힘의 근원, 풍요의 보고

배꼽 부위에 위치하여 부신 호르몬을 관장하여 특히 생명력 즉, 힘, 능력을 보여준다. 배부

의 힘, 욕망, 독단의 근원지이고 육체적, 정신적, 초자연적인 에너지를 생성시키는 역동성

과 활력의 센터이다.

4. 아나하타 차크라 Anahata Chakra 사랑의 근원, 참사랑의 샘

심장부위에 위치하며 흉선을 관장하며 사랑과 평화의 능력을 보여주는 곳이다.

육체, 정신에너지를 연결하고 균형과 수용의 단계이다. 위치는 흉추 5번에 있다.

5. 비슈다 차크라 Vishudda Chakra 이성의 근원

목부위에 위치하고 갑상선 호르몬 분비를 자극하며 창조성, 수용성 통신하는 능력을 보여

준다. 인간의 동물적인 부분과 영적인 부분을 이어주는 다리와도 같은 곳이다.

6. 아즈나 차크라 Ajan Chakra 지혜의 근원, 지혜의 빛

양눈썹사이의 안쪽 머리의 중아에 위치하며 뇌하수체를 자극하며 양미간 사이에 둥글게 빛

을 내는 불과, 직관련, 자신을 아는 능력을 보여준다. 세 개의 통로 수슘나 이다. 핑갈라가

만나는 곳으로 인간의 정신적인 면과 초자연적인 면이 결합하는 곳으로 지혜의 근원 초능

력의 차크라다.

7. 사하스라라 차크라 Sahasrara Chakra 해탈의 근원, 천사의 연꽃

머리 꼭대기 바로 안쪽에 위치하고 송과선을 자극하고 우주의식의 통로로 쿤달리니 샥티가

각성하여 도달하는 수슘나 나다의 종점이며, 차크라가 열린 사람은 개인적인 자아가 사라

지고 존재 그대로의 상태로 무한을 향해 초월, 최고 경지인 삼매경에 이르게 된다.

반다 Bandha

세가지 반다 Bandha 잠그다. 조으다

반다 자세는 "기"라는 생명에너지의 손실을 막고 그 호흡을 조절하여 영적인 힘으로 전환

시킨다. 숨을 내쉰뒤 "기"를 수슘나 나디(Sushumna Nadi)로 밀어 올려 잠자는 생명에너

지를 깨우는데 사용한다.

1. 물라 반다 Mula Bandha 회음부, 항문

숨을 멈추는 동안 괄약근을 수축시키고 복부의 근육을 수축시킨다. 하체에서 아파타

(Apana 기확산)가 빠져 나가는 것을 막아 위로 올려 기와 결합시킨다.

2. 우디아나 반다 Uddiyana Bandha 복무

숨을 완전히 내쉬고 복부를 척추쪽으로 최대한 끌어당긴다. 이렇게 해서 프라나를 척추 중

앙통로로 밀어올린다

3. 잘란다라 반다 Jalandhara Bandha 목

턱을 가슴 흉골 가까이 붙여 숨을 멈추는 동작으로 들어간 숨을 내부로 강하게 순환 시키기

위해 목의 통로를 잠근다.

나디 Na야 – 기도(氣道)

기(氣)가 흐르는 통로이며 생명의 기운 즉, 프라나(Prana)가 순환하는 통로이다. 동양의학에서는 경락이라는 것을 통해 설명한다. 나디는 차크라 중심으로 순환하는 것을 의미한다. 몸에 가장 중요한 나디는 7만2천개중이다. 핑갈라, 수슘나가 있다. 척추에 의지해 있으며, 달, 해, 불을 상징한다. 흐르는 기도 오른쪽 코–양이며 해를 의미하고 왼쪽 코–음이며 달을 의미한다.

1. 수슘나 Sushumna – 척추중앙

척추주앙을 타고 흐르는 기의 통로이다. 생명에너지인 프라나는 수슘나를 통해 상승과 하강을 한다. 수슘나를 중심으로 오른쪽은 핑갈라의 양의 기운이 흐르고 왼쪽은 이다의 음의 기운이 흐른다. 프라나는 이다와 핑갈라를 나선형으로 번갈아 상승, 하강한다고 한다.

2. 이다 Ida – 왼쪽 – 달

수슘나의 왼쪽으로 흐르는 기의 통로이다. 이다는 여성적인 달로 상징하고 습하고 차가운 성질의 기운이 흐르는 통로로써 부교감 신경을 지배한다.

3. 핑갈라 Pingala – 오른쪽 – 태양

수슘나의 오른쪽 에너지 통로이다. 핑갈라는 남성적인 태양으로 상징되고 건조하고 뜨거운 성질로 교감신경을 지배한다.

만트라 명상 Mantra

MAN 마음, 정신

TRA 자유, 해방

만트라는 혼란스럽고 고통스러운 마음으로부터 해방 될 수 있다.

옴(OM)은 AUM으로 구분된다.

A는 잠들지 않는 상태(허리 밑 하체 하단부),

U는 꿈꾸는 상태(허리에서 목 상체 중단부),

M은 깊은 잠의 상태(머리 상단부)

소리의 진동과 뜻을 이용하여 심신을 조절하는 기법으로 부드러운 감정을 주며 안정과 평온을 준다.

소리는 신체 특정부분에 진동이 집중되므로 그곳에 자연성을 높이는 방법이 된다.

- 만트라 방법 – 명상자세로 앉아서 눈을 감고 숨을 깊게 마신후 숨을 내쉬면서

  " 아~다음 우~ 다음 음~" 소리를 연속음으로 낸다

- 효과 – 뇌파가 정리되어 머리가 맑아진다. 의식을 강화시키는 효과가 있다.

정뇌호흡 Kapalabhati 카팔라바티

Kapalabhati

두개골 – 정화, 빛

두개골을 정화한다. 맑게한다. 빛나게 한다는 의미

카팔라바티는 일반적으로는 의도적 복식호흡에 속한다.

호흡방법

1. 첫째 들숨은 약간의 조절을 필요로 한다. 숨을 들이 마시면서 배를 팽창시킨다

2. 들어마시면서 머리를 젖혀 얼굴을 위로 향하게 한다. 내쉬면서 턱을 가슴 쪽으로 당긴다.

※ 주의 – 가슴부위는 살짝위로 들어올리듯이 안정적으로 고정한다. 복부 수축시 가슴은 팽창하지 않는다.

효과

호흡과 연결된 기관인 코안으로 호흡의 통로 전두공안에 있는 노폐물과 독소들을 효과적으로 정화하는 방법이다. 혈액순환이 왕성하게 일어나 전신에 열이나 땀이나고 단전을 강화하고 머리위에 모여있거나 막혀있던 혈액의 흐름을 좋게해 머리를 맑게한다.

풀무호흡 Bhastrika 바스트리카

Bhastrika

풀무호흡은 마치 대장간에서 풀무질을 하듯이 급격하게 마시고 내쉬는 호흡입니다.

아유르베다에서는 '불의호흡'이라고도 불리는 것은 급격하게 숨을 마시고 내쉼으로서 노폐물을 태워

낸다는 의미를 뜻한다.

호흡방법

1. 책상다리로 앉거나 무릎을 굽혀서 허리를 똑바로 세운다.

2. 팔을 뻗어 어깨에 힘을 빼고 두손은 머리위로 올린다.

3. 코로 숨을 마시고 세게 내쉬면서 앉는다.

4. 팔꿈치를 뒤로 밀고 복부를 당긴다.

※ 주의 – 식후에는 하지 않는다. 호흡도중 어지러우면 중지한다.

효과

위장과 대장의 기능을 도와 소화의 배설 능력이 향상된다. 간장, 쓸개, 비장 및 배근육을 활성화 하여

피로가 빨리 풀리고 활력을 준다. 폐와 관련된 질병에 효과적이고 복부근육을 자극하여 복부비만을

해결한다.

교호호흡 Nadi-Sodhana-Pranayama-나디-소다나-프라나야마

Nadi-Sodhana-Pranayama

양쪽 콧구멍을 손가락으로 교대로 막고 들이쉬고, 멈추고, 내쉬는 호흡의 비율을 2:8:4로 한다. 이 호흡에서는 한쪽 콧구멍으로 숨으로 들이 쉰다음 다른쪽 콧구멍을 숨을 내쉬는 호흡을 말한다. 아누로마 빌로마는 플라나 양극의 흐름을 조화롭게 하여 균형을 이루도록한다.

왼쪽 콧구멍은 이다(Ida)의 통로라 부르고 오른쪽 콧구멍은 핑갈라(Pingala)의 통로라고 한다.

호흡방법

1. 정좌를 하고 앉는다.

2. 오른손 엄지손가락으로 오른쪽 코를 막는다.

3. 왼쪽 코로 숨을 내쉬고 다시 마시고 왼쪽 코를 막고 오른쪽 코로 숨을 내쉰다.

4. 오른쪽 코로 숨을 마신 다음 오른쪽 코를 막고 왼쪽 코로 내쉰다.

5. 좌우 과정을 반복한다.

효과

왼쪽코는 음에 해당, 여성적인 달로 상징하고 부교감 신경을 지배한다. 오른쪽 코는 양에 해당, 남성적인 태양으로 상징하고 교감신경을 지배한다. 음양 좌우의 조화와 균형, 모든 기능의 평행을 유지하고 질병에 효과가 있다. 코나 인후등의 호흡기 질환에 효과가 있다. 경전에는 몸이 경쾌해지고 혈색이 좋아지며 소호가 잘된다고 한다.

복식호흡

횡경박을 아래로 내리는 방법으로 대량의 공기를 폐의 깊숙한 곳으로 빨아들인다. 그래서 흉식 호흡에 비해서 복식호흡은 보다 많은 양의 공기를 들이마시고 저장할 수 있기 때문에 날숨을 보다 안정되고 길게 유지할 수 있는 것이다.

호흡방법

1. 가부좌나 반가부좌를 해서 손을 복부에 얹고 숨을 내쉰다.

2. 코로 숨을 들이마시고 가슴이 들썩거리거나 어깨가 올라가지 않는다.

3. 숨을 들이마시면서 복부가 부풀어 풍선처럼 팽팽하게 되도록 한다.

4. 입으로 숨을 내쉴 때 천천히 내쉬며 풍선이 꺼지듯 배가 서서히 들어가게 된다.

효과

장운동을 도와 소화장애와 변비를 없앤다. 체지방을 감소시켜

다이어트에 도움이 된다. 심폐기능을 향상시킨다.

불면증, 우울증 등 불안장애를 치료한다.

스트레스를 풀어주고 집중력을 향상시킨다.

콜레스테롤을 감소시켜 심혈관 순환을 예방한다.

2. 서서하는 동작 (Stunding poses)

1. 반달 자세

효과 허리, 복부 근육과 근력을 향상, 몸 자세 교정 및 척추유연성 머리 발끝까지 혈액순환

주의 골반이 움직이지 않은 상태여서 늑골만 펴낸다.

1 양발을 모으고 팔을 좌·우 넓게 벌려준다.

2 양팔을 머리 위로 합장한다.

3 양손 머리 위로 합장하고 오른쪽으로 상체를 굽히고 옆구리를 늘이고 유지한다.

(변형자세)

2. 삼각 자세(웃티타 트리코나 아사나)

효과 다리 근육관절강화, 등과목에 통증제거, 허리와 엉덩이 선을 아름답게 해준다.
전신균형과 조화를 이룬다.

주의 엉덩이가 뒤로 빠지지 않도록 주의 한다.

1 양쪽다리 어깨넓이 2배이상 넓게 벌린다. 양팔을 좌·우 넓게 펴낸다

2 상체를 오른쪽으로 굽히고 턱 당기고 왼팔을 위로 길게 펴고유지한다

3. 상체굽히기 자세(프라사리타 파도타나 아사나)

효과 상체혈액순환, 척추의 탄력성 증가, 다리·허리의 유연성, 골반·무릎·발목 관절 강화

주의 상체를 굽히고 다리를 길게 펴준다

(1)

1 양발을 어깨넓이 2배이상 넓게 벌려서 양손을 골반에 밀착시킨다.

2 상체를 천천히 앞으로 굽힌다.

3 양다리 사이로 머리를 깊숙이 넣고 양손으로 발목을 잡는다.

주의 몸전체 힘을 빼준다

(2)

1 양발을 어깨넓이 2배이상 넓게 벌리고 양손을 옆구리
　에 밀착시킨다.

2 상체를 천천히 굽혀 머리바닥에 밀착시키고

3 양손등을 바닥에 내려놓고 유지한다.

4. 독수리 자세(가루다 아사나)

효과 발목강화, 다리의 경련과 통증예방, 골반자극 혈액순환, 균형감각 사고력 통제력 발달,
어깨 대두근 이완 탄력 강화

주의 등 굽히지 말고 척추를 편다.

(1)

1 양발모아서 양팔을 펴서 교차시키고 한번 더 교차해서
손바닥을 마주 붙인다.

2 양무릎를 잡고 골반 내려 오른발을 왼무릎위에 올려
발등으로 왼쪽 발목을 감싸고 유지한다.

5. 의자 자세

효과 발목, 허벅지 근육강화 횡경막이 위로 들려 심장 일부 부드럽게 하고,
복부를 수축시켜 복부기관을 위로 밀어올려 눌려진 장기압박 없어지고 단전을 강화시킴.

주의 양무릎이 발끝 앞으로 너무 나가지 않도록 한다.

(1)

1 양발을 골반넓이 벌려서 발끝 11자 되도록 하고 시선 정면

2 양손 어깨 높이 들고 골반 내려서 유지한다.

(2) 엄지 발가락 잡고 의자자세

1 무릎 굽히고 시선정면 향해서 유지한다.

2 양발을 골반넓이 벌려서 발끝 11자 되도록 하고 양손을 엄지발가락 잡고 다리 척추 팔을 펴낸다.

6. 전사 자세 I (비라바드라 아사나)

효과 어깨 등의 긴장 없애주고, 발목 무릎강화, 엉덩이 허벅지 체지방 감소, 복부기관 활성화시킴.

주의 좌·우 골반 바르게 정렬하여 틀어지지 않도록 한다.

1 양발 모으고 왼발 뒤로 길게 펴낸다.

2 오른쪽 무릎 접고 팔을 좌·우로 넓게 벌려서,

3 손 머리위에 합장하고 유지한다.

7. 전사 자세 II (비라바드라 2)

효과 다리·등 근육에 탄력증가, 하체 다리근육 강화 및 경련을 풀어준다.

주의 오른쪽 무릎을 바깥쪽으로 열어준다.

1 양발을 2배 넓게 이상 벌려서 11자 만들고 오른쪽 발끝 바깥쪽으로 골반열고 시선은 정면으로 바라본다.

2 팔을 좌·우 넓게 벌려서 왼무릎 접고 유지한다.

8. 전사 자세 III(비라바드라 3)

효과 하체근육 강화, 복부와 뼈강화, 균형과 척추의 탄력성 증가시킨다.

주의 팔, 등, 골반. 다리 일직선 만든다.

1 양발 모아서 오른발을 뒤로하고 양손 머리위 깍지끼고 두 번째 손끝을 편다.

2 상체를 앞으로 굽히고 오른발을 골반 높이 들고 시선 바닥을 유지한다.

9. 나무 자세(브륵샤 아사나)

효과 자율신경을 조절하여 인체 내부의 깨어진 균형을 바로 잡고 침착성, 집중력, 안정감을 높일수 있다.
주의 손끝에서 발끝까지 길게 펴낸다.

(1)

1 양손을 가슴 앞 합장하고 왼발을 오른쪽 허벅지 안쪽에 발바닥을 밀착시킨다.

2 양손 가슴앞에 합장하고 머리위로 올려서 유지한다.

(2) 변형 완성 자세

1 왼쪽 발등을 오른쪽 허벅지 위에 올리고 양손 합장해 서 위로 올리고 시선은 정면을 향한다.

2 왼쪽으로 굽히고 유지한다.

10. 상체 비틀기 자세

효과 경직된 어깨 긴장을 풀어주고 혈액을 원활히 해줌. 허리라인을 이쁘게 만드는 효과,
척추를 부드럽게 한다.

주의 양팔꿈치 일직선으로 편다.

1 양발을 골반 넓이보다 넓게 벌리고 시선은 정면을 향
한다.

2 양손 머리뒤 깍지 끼고 상체를 왼쪽으로 돌리고 유지
한다.

효과 척부배열과 골반위치를 바로 잡고 하체에 근력과 허리, 엉덩이, 허벅지 라인을 살리고 틀어진 척추, 어깨, 골반을 바르게 정렬시킴.

주의 상체 돌려서 오른쪽 가슴펴기.

1 양발을 최대한 넓게 벌려서 팔을 좌우넓게 벌린다.

2 상체 오른쪽 돌리고 왼손으로 오른발목 잡고 오른손 위로 길게펴고 유지한다.

12. 상체 숙인 자세

효과 척추 허리 긴장 풀어내며 상체비만에 효과가 있고 장기의 순환을 도와 줌.
주의 상체 돌려서 가슴펴고 턱 당기기

1 양발 넓게 벌리고 양손 등뒤에 깍지 낀다.

2 상체를 앞으로 천천히 굽힌다.

3 정수리 바닥에 밀착시키고 양손을 앞으로 밀고 유지한다.

13. 반달 자세(아르다찬드라 아사나)

효과 척부배열과 골반위치를 바로 잡고 하체에 근력과 허리, 엉덩이, 허벅지 라인을 살리고 틀어진 척추, 어깨, 골반을 바르게 정렬시킴.

주의 상체 돌려서 오른쪽 가슴펴기.

1 오른손, 왼발 앞쪽에 바닥에 밀착 시키고 왼손은 골반에 밀착시킨다.

2 오른 다리 펴서 왼다리 들고 시선은 정면을 향한다.

3 왼손 길게 펴서 유지한다.

효과 목 · 발목강화, 가슴근육 신전시키고, 집중력 길러지며, 허리 · 골반을 펴준다.
주의 몸전체 펴내기, 손끝 발끝까지

1 양손, 양발 바닥을 지탱하고 왼다리 골반높이 들고 발끝을 당긴다.

2 오른팔을 높이 들어 시선을 손끝으로 유지한다.

15. 위로 다리들기(우르드바 프라사리타 에카파다 아사나)

효과 죄골·신경통, 무릎 관절염 예방 및 치료, 다리 유연성, 상·하체 부종제거.
주의 머리끝에서 발끝까지 힘을 뺀다.

1 양발을 바닥에 밀착시키고 상체를 앞으로 숙인다.

2 양손, 양발 바닥에 밀착시키고 왼다리를 높이 든다.

3 상체를 굽히고 발끝을 더 멀리하고 유지한다.

16. 비틀기 자세 I (웃티타 파르스바코나 아사나)

효과 발목·무릎·대퇴근육 강화, 허리·엉덩이 지방을 없애고, 좌골신경통·관절통 예방

주의 척추허리 늘여서 어깨를 편다.

1 다리를 넓게 벌리고 양팔을 좌·우 수평으로 만든다.

2 오른발을 오른쪽으로 열면서 무릎을 구부린다.

3 상체를 회전시키고 왼손을 위를 향해 뻗고 자세를 유지한다.

17. 비틀기 자세 II

효과 대퇴근육강화, 힙라인 이쁘게, 복부·옆구리 라인 축소시킴.

주의 상체돌리고 척추·가슴 편다.

1 양손 가슴앞 합장하고 정면을 바라본다.

2 양무릎 골반높이 굽힌다.

3 상체를 왼쪽으로 돌려 왼쪽 무릎위 올리고 시선 뒤를 향하고 유지한다.

18. 삼각 자세(웃티타 파르스바코나 아사나)

효과 허벅지 대퇴근육을 강화시키고, 가슴·어깨근육 긴장 풀어줌

주의 무릎이 직각이 되도록 한다.

1 양발을 좌·우넓게 벌려서 오른쪽 발끝을 열고 양팔 수평으로 한다.

2 오른 무릎 접고 시선은 정면을 향한다.

3 오른손 오른발 앞 밀착시키고 왼손 높이 들어 시선위를 바라보고 유지한다.

효과 어깨 등의 결점해소, 좌·우 균형회복 시키고, 하체단련, 통제력과 집중력 강화
주의 뒤에 있는 팔, 다리 길게 펴낸다.

1 양손 가슴앞 합장하고 양무릎 골반높이 굽힌다.

2 상체를 앞으로 천천히 굽히면서 뒤에 있는 팔, 다리 펴고 시선정면을 향해서 유지한다.

20. 상체 굽혀 등뒤 손모으기(파르스 보타나 아사나)

효과 경추·척추 허리에 긴장을 풀어준다. 하체 근육강화, 다리 뒤쪽 신전시킴
주의 오른 다리를 굽히지 않고 길게 편다.

1 정면에서 왼발뒤로 길게 펴내고 양손 등뒤 합장한다.

2 상체를 천천히 앞으로 굽힌다.

3 이마 정강이에 밀착시키고 유지한다.

21. 무릎굽혀 합장(웉카타 아사나)

효과 심장을 부드럽게 마사지, 발목 강하게, 다리근육발달
주의 엉덩이가 뒤로 과하게 빠지지 않도록 주의한다.

1 양무릎 모아서 다리를 굽혀서 복부 당기고 척추 허리
세운다.

2 정면 바라보고 양손 머리위 합장하고 유지한다.

22. 전굴 자세(파당구쉬타 아사나)

효과 간장과 비장이 활성화, 소화력 증가, 상체에 활력, 허리통증 완화

주의 척추, 허리에 힘을 뺀다.

1 양손을 발바닥에 밀착시키고 척추, 허리 길게 펴낸다.

2 머리를 들고 유지하고 다시 상체를 굽혀서 유지한다.

23. 발끝 잡고 당기기(웉티타하스타 파당구쉬타 아사나)

효과 다리 근육강화, 신전시키기, 안정감, 평형성 유지
주의 무리하게 다리 들거나 상체를 굽히지 않는다.

1 오른 무릎 접고 양손으로 발바닥 잡고

2 오른발을 앞으로 길게 편다.

3 천천히 상체 굽혀서 발끝당기고 이마, 정강이 밀착시켜 유지한다.

3. 앉아서 하는 동작(Sitting poses)

1. 반달 자세

효과 고관절을 부드럽게 하며, 골반강화 운동과 혈액 순환되며, 좌골신경통 완화시켜 비뇨기
생식기 질환예방, 생리불순효과

주의 등척추를 길게 편다.

1 양발바닥 마주붙혀 양손 깍지껴서 발끝을 잡고 생식
기쪽으로 당긴다.

2 상체를 천천히 앞으로 굽히고 양 팔꿈치를 바닥에 밀
착시킨다.

3 상체 힘 빼고 이마 바닥에 밀착시키고 유지한다.

2. 양다리 펴서 전굴 자세

효과 척추를 부드럽게 신전시키고, 소화촉진, 성기능 강화

주의 양무릎을 곱게 편다.

1 양다리 모으고 척추를 바르게 세워서 양손 머리위로 길게 편다.

2 상체를 천천히 앞으로 굽힌다.

3 양손 바닥밀착 이마 정강이 밀착하고 유지한다.

3. 상체 옆으로 기울기 자세

효과 신장 기능 강화, 위·간 기능 활력증진, 척추 측만증에 도움주고 척추에 유연성 길러줌.
주의 늑골을 길게 펴서 손끝과 일직선 한다.

1 왼무릎 접고 오른다리 길게 펴고 오른손으로 발끝을 잡는다.

2 왼팔을 높이 들고 척추 세워서 정면을 향한다.

3 천천히 상체를 오른쪽으로 내려가고 턱을 당겨 시선을 천정으로 향한다.

4. 양다리 펴기 자세

효과 휘어진 다리 교정, 척추·허리·복부근육강화, 복부 팽만감 완화시킴.

주의 무릎, 슬관절을 펴준다.

1 양다리를 길게 펴둔다.

2 양무릎을 굽혀서 양손으로 발바닥을 감싸 잡는다.

3 양다리 높이 들어서 길게 펴내고 유지한다.

5. 소머리 자세(고무카 아사나)

효과 어깨결림, 어깨유연성 향상 및 교정 틀어진 골반교정, 어깨등 확장 및 만성질환 예방

주의 등을 펴서 어깨 힘을 뺀다.

1 왼쪽다리 위에 오른쪽 다리를 교차시켜 앉는다.
양무릎이 일직선이 되도록 하고 골반 정렬하여 맞춘다.

2 왼팔을 위로 올리고 오른팔을 아래로 등 뒤에서 손을
잡는다. 척추·허리 세우고 정면보고 유지한다.

효과 내장기관과 폐를 확장시켜 폐활량을 키워주고 앞쪽 짧아진 근육을 신진시키고, 복부비만 예방 및 척추유연성과 등근육 강화

주의 가슴앞쪽 확장시켜 펴준다.

1 양무릎 굽혀 발끝세우고 양손 골반옆에 밀착시킨다.

2 양손으로 뒤꿈치 감싸 잡고 골반 가슴을 밀어낸다.

3 가슴을 펴고 고개 뒤로 유지한다.

7. 비둘기 자세

효과 하체에 순환장애를 예방하고 붓기·부종에 도움 되며, 허리·옆구리·등·다리의 군살이 제거됨.
주의 가슴을 확장시킨다.

1 오른쪽 무릎접고 왼다리 길게 펴서 무릎을 다시 접어서 왼손으로 발등을 잡는다.

2 팔꿈치에 발끝을 끼우고 오른쪽 팔을 높이 들어서 등 뒤쪽에서 손을 잡는다.

8. 다리 펴기 자세(푸르보타나 아사나)

효과 심폐기능강화, 손목힘 강화, 목 뒤쪽 통증완화, 전신근력 향상

주의 골반을 들어 올리고 복부 당긴다.

1 양무릎 모아 길게 펴내고 양손 등뒤 바닥에 밀착 시킨다.

2 골반을 들고 다리를 길게 펴고 가슴편다. 머리를 뒤로 젖히고 유지한다.

9. 테이블 자세

효과 대퇴근육 강화, 손목·어깨 근력강화, 대둔근 강화, 두통예방

주의 가슴, 복부, 허벅지 일직선 만든다.

1 양손 등뒤 바닥에 밀착 시키고 양무릎 세워서 발바닥을 바닥에 밀착 시킨다.

2 골반 허리 높이 들어서 가슴을 편다.

3 머리를 뒤로 젖히고 유지한다.

10. 박쥐 자세(우파비스타 아사나)

효과 좌골 신경통 완화 시키고, 골반부에 혈액을 원활하게 하고 난소를 자극하여 질의 향상에 도움.

주의 허리를 최대한 편다.

1 양다리를 좌우 넓게 벌려준다.

2 상체를 천천히 앞으로 굽히면서 팔을 길게 편다.

11. 견상·견안 자세

효과 1) 숙취해소·두통완화·변비·축농증·비염에 효과, 장단지·허벅지·근육의 탄력성, 어깨결림예방
2) 하체의 발가락과 발목·손목의 근력을 강화, 허리·하체비만 예방, 화병을 완화

주의 골반과 다리가 바닥으로 밀착되지 않도록 한다.

(견상자세)

1 양무릎과 양손을 바닥에 밀착 시키고, 다리 어깨 넓이
로 벌리고 팔 어깨, 다리를 내려 놓는다.

2 무릎을 펴고 꼬리뼈를 위로 들어서 골반을 높이 들어
주며 10초 유지한다.

(견인자세)

3 배 허리를 아래로 내리고 시선을 천정이나 정면으로 향하고 유지한다.

효과 틀어진 골반·고관절을 예방과 치료, 허리·복부 다리에 탄력증가, 머리로 가는 혈행을 좋게하고 머리가 맑아짐.

주의 손바닥에 힘을 골고루 준다.

1 양손과 양발을 바닥에 밀착시키고 골반을 높이 든다.

2 오른 다리를 높이 들어서 무릎을 접어서 뒤꿈치가 뒤쪽 엉덩이 쪽으로 오도록 한다.

3 골반을 왼쪽으로 돌리고 오른팔 안쪽으로 머리를 깊숙이 넣어서 유지한다.

13. 고양이 변형 자세

효과 1,2 손목 어깨 근력 강화, 어깨 긴장풀고, 엉덩이·허벅지 탄력성 증가, 요통이 없어지고, 복부·허리 순환도움, 상·하체를 바르게 정렬함.

주의 손목 다리에 너무 힘들어가지 않도록 하고 지탱만 한다.

(1)

(2)

1 양무릎과 양손바닥에 밀착시키고 오른다리를 골반높이 만큼 올려준다.

2 왼팔을 높이 들고 정면 바라보고 유지한다.

3 오른 무릎접고 왼손으로 발끝잡고 정면보고 유지한다.

효과 손목·어깨·목·골반 관절강화, 코어발달, 요추와 천추의 기능 저하 방지
주의 머리를 떨구지 않고 시선을 바닥으로 향한다.

1 양손을 바닥에 밀착시키고 양무릎 굽혀 세우고 왼쪽으로 무릎을 돌린다.

2 상체 굽히고 오른 다리를 옆으로 길게 펴낸다. 척추허리 펴고 왼다리를 뒤로 길게 펴서 유지한다.

효과 몸의 균형, 손목과 어깨 강화, 집중력 강화, 하복부 냉증완화

주의 좌·우 손바닥에 중심을 잡는다.

1 양손과 양발을 바닥에 밀착 시키고 뒤꿈치를 든다. 골반을 들어서 양무릎을 겨드랑이 안쪽에 깊숙이 넣어준다.

2 양발 끝 들고 상체를 숙여 척추 펴서 유지한다.

16. 결가부좌 골반들기

효과 손목, 어깨 힘 강화, 무릎·발등의 긴장 풀어줌
주의 상체를 되도록 길게 세운다.

1 오른 발등을 왼쪽 고관절 안쪽으로 깊숙이 당긴다.

2 반대쪽 발등도 고관절 깊숙이 당긴다.

3 양손 바닥에 밀착시키고 골반과 다리를 든다.

17. 봉황 자세

효과 등 척추 허리의 긴장 풀어주고, 가슴근육 신전, 고관절의 혈형이 원활함

주의 왼다리를 안쪽으로 넣어서 곱게 펴낸다.

1 오른쪽 무릎 접어서 굽히고 왼다리 길게 펴내고 발등을 바닥에 밀착한다.

2 가슴펴고 상체를 뒤로 젖혀서 시선을 위로 향하고 팔꿈치와 손끝을 길게 펴낸다.

3 척추 허리를 세우고 양손 머리위에 합장한다.

18. 고양이 자세(비달라 아사나)

효과 어깨 불균형을 바르게 잡아주고, 견갑골·척추·허리 통증완화, 심장·심폐기능 강화
주의 손끝, 발끝 힘을 뺀다.

1 양무릎 양손을 바닥에 밀착시킨다.

2 양손을 멀리 내려 놓고 팔을 길게 편다. 턱, 가슴을 아래로 내려서 바닥에 밀착시켜 유지한다.

효과 허리지방을 태우고 신장을 좋게하고 척추에 힘을 주고 펴준다.
주의 척추세우고 가슴을 편다.

1 양손을 등뒤에 두고 양다리를 길게 펴서 모은다.

2 양다리를 들고 무릎을 접어서 가슴쪽으로 당긴다.

3 다리를 길게 펴서 유지한다.

1 다리를 직각으로 한다.

2 척추 세워서 팔을 길게 펴서 유지한다.

1 양발을 들고 길게 편다.

2 척추 세우고 양손을 머리뒤로 하고 유지한다.

1 양발을 들어 준다.

2 양발을 당길 때 발바닥을 마주보게 붙여 당긴다.

22. 토끼 자세

효과 경추 등 어깨·견갑골 부위 피로를 풀어주고, 상체비만 축농증 예방과 치료
척추·목을 유연하게 하며 얼굴선 모양도 이쁘게 하며, 두피건강, 머리를 맑게 한다.

주의 턱을 가슴쪽으로 깊숙이 당긴다.

1 양무릎을 굽히고 양손을 등 뒤에서 깍지 낀다.

2 상체를 앞으로 굽히고 이마를 바닥에 밀착시킨다.

3 골반을 천천히 들고 정수리를 바닥에 밀착시켜 양손을 뒤로 길게 밀어내고 유지한다.

23. 양다리 펴기

효과 척추·허리·복부 근육을 강화, 위장을 편하게 하고 복부팽만감을 완화 시키고, 균형·집중력 향상 및 다리를 교정 시켜줌

주의 복부허리에 힘을 준다.

1 양다리를 길게 편다

2 양무릎을 접어서 발바닥을 감싸 잡는다.

3 양다리를 천천히 들어서 무릎을 펴고 유지한다.

효과 위·간을 경락자극해서 피로해소 골반 위치 바로 잡고, 발목·무릎관절 자극하여 하체 혈액순환

주의 양쪽 팔꿈치 좌·우 넓게 펴세요.

1 왼쪽다리 굽혀 무릎과 발등 일직선 오른다리 접어서 뒤꿈치 골반 쪽으로 당긴다.

2 양손 머리위로 깍지 낀다.

3 오른쪽으로 천천히 굽히고 턱 당겨 시선을 천정으로 향하고 유지한다.

25. 상체 앞으로 굽히기

효과 복부안쪽 자극하여 소화기능 좋아지고, 골반안쪽 자극하여 비뇨·생식기 기능 향상되고,
전신순환 심장과 머리에 좋다.

주의 허리를 길게 펴낸다.

1 다리를 길게 펴서 왼쪽 다리를 접어서 발바닥을 오른쪽 허벅지 안쪽에 밀착시킨다.

2 오른쪽 발끝 당겨서 발끝 잡는다.

3 허리를 길게 펴서 상체 앞으로 굽힌다.

26. 한다리 들어 상체 돌리기

효과 다리 피로를 덜어주고, 무릎 안쪽 근육강화, 뒤쪽 근육 신전, 척추·허리·상체 긴장을 풀어준다.
주의 왼손, 오른손, 어깨 일직선으로 하세요.

1 양다리를 길게 펴서 오른쪽 다리 높게 들어 왼손으로 오른쪽 발 바깥쪽을 잡는다.

2 허리·척추 길게 펴서 상체를 돌리면서 오른팔을 뒤로 한다.

3 오른손 끝을 바라보고 유지한다.

27. 양팔꿈치 밀고 가슴앞 합장

효과 서혜부·생식기·비뇨기의 혈액 순환되고, 발목과 하체 힘을 강화시킴.

주의 팔꿈치 넓게 펴고 허리를 세우세요.

1 양무릎을 굽혀 세우고 발끝을 바깥쪽으로 하고 팔꿈치를 무릎안쪽으로 넣는다.

2 양손 합창하고 허리를 길게 펴고 팔꿈치를 편 후 유지한다.

28. 상체 앞으로 굽히기

효과 발목·무릎 관절 예방, 틀어진 골반교정, 척추의 중심 기혈을 뚫어 피로를 풀어줌.
등근육 탄력있게 만듦.

주의 무릎 안쪽에 삼삭형이 되도록 한다.

1 왼쪽무릎을 접고 발등을 편다. 오른쪽 무릎접고 왼쪽
무릎위에 올린다.

2 양무릎과 발등을 펴서 일직선 만들고 양손을 무릎위에
올린다.

3 상체를 천천히 앞으로 굽혀 유지한다.

29. 양손 등뒤 깍지 끼기

효과 양쪽어깨 균형과 목·어깨의 긴장풀어줌. 팔의 경락을 자극하여 혈액순환에 도움됨.
주의 양팔을 들 때 가슴을 펴세요.

1 편한자세로 앉아서 척추 세우고 등뒤에 팔을 구부려 깍지 낀다.

2 팔을 등뒤로 길게 펴고 가슴과 척추를 펴낸다. 편안하 게 호흡 하면서 유지한다.

효과 팔뚝을 얇게 만들고, 팔근육을 스트레칭하여 팔의 피로를 풀어낸다.

주의 팔꿈치를 길게 펴낸다.

1 편안하게 앉은 자세로 앉는다. 한손 한손을 반대쪽 손바닥이 바닥에 밀착 되도록 한다.

2 팔을 길게 펴서 유지한다

효과 상체 이완 시키고, 척추·어깨의 긴장 풀어주고, 복부를 수축해서 조화를 원활하게 해줌
다리의 울혈이 제거된다.

주의 상체에 힘을 뺀다.

1 왼발을 앞으로 굽히고 오른발을 뒤로 해서 발끝을 세운다.

2 왼다리를 길게 펴면서 척추 허리 펴내고 이마를 정강이에 밀착시킨다.

3 발끝을 당기고 힘을 빼고 유지한다.

32. 어깨 이완 시키기

효과 좌골 신경통에 좋고 고관절의 유연성을 길러주며, 어깨와 척추에 유연성을 길러줌.
주의 양쪽 어깨 일직선으로 만든다.

1 양팔을 어깨 넓이 정도로 벌려 테이블 자세를 취한다.

2 한쪽 어깨를 반대편 겨드랑이 사이로 넣는다.

3 중심을 잘 잡은 후 반대쪽 팔을 천장 높이 들고 호흡하며 유지한다.

33. 빗장 자세(파라가 아사나)

효과 척추강화, 척추 경직 풀어줌 근육과 관절을 강하게 만들고 허리·넓적다리·종아리 지방감소.
주의 엉덩이 뒤로 빠지지 않게 하세요.

1 양무릎 굽혀서 한다리를 옆으로 편다.

2 오른다리 펴고 오른손 무릎위에 올리고 왼팔을 위로 올린다.

3 오른쪽으로 상체를 길게 늘여서 굽힌다.

34. 거북이 자세(숩타 쿠르마 아사나)

효과 척추가 강해지고 아랫배 지방 분해, 어깨와 등 근육 풀어줌.

주의 너무 무리하게 굽히지 말고 할수 있는 만큼합니다.

1 양무릎을 굽혀 세우고 시선을 정면으로 바라본다.

2 양팔을 다리 안쪽으로 넣고 상체를 앞으로 숙이며 길게 편다.

효과 골반의 혈액순환과 골반교정을 하도록 도와줌

1 배를 바닥에 대고 양손 가슴 옆, 양무릎 직각으로 벌려 골반을 열어둔다.

2 상체를 천천히 들어올려 시선정면을 바라보며 호흡하며 유지한다.

효과 손목 어깨 힘 강화, 골반·옆구리·중둔근 강화

주의 골반이 아래로 내려오지 않게 한다.

1 양손을 바닥에 밀착하고 발끝을 바닥으로 하고 뒤꿈치를 든다.

2 몸을 오른쪽으로 회전을 한다.

3 왼팔을 높이들어올려 팔, 어깨를 길게 펴서 손끝을 보고 유지한다.

효과 손목 어깨힘 강화, 복부 허리힘 강화
주의 등(견갑골)을 펴준다.

1 양손을 바닥에 밀착하고 양무릎을 굽히고 발끝을
세운다.

2 양무릎을 펴고 다리를 길게 펴서 복부 당기고
유지한다.

38. 물구나무서기(사람바 시르사 아사나) Ⅰ Ⅱ Ⅲ

효과 두뇌의 지성·지식·판단력, 뇌세포 깨끗하고, 뇌하수체 자극, 기억력 향상, 디리부종 예방

주의 처음 할 때 벽에 기대어서 하는게 좋다.

1 양손 깍지 끼고 팔을 어깨 넓이 벌려서 양무릎을 펴서
천천히 발끝을 내몸 가까이 당긴다.

2 복부허리 힘으로 천천히 양다리를 들어 올려서
유지한다.

4. 누워서 하는 동작

1. 교각동작

효과 척추의 탄력성과 근력이 강화된다. 둔근의 강화와 힙업효과로 아름다운 뒷태를 만든다.
요실금치료와 예방에 도움을 준다.

주의 허리를 너무 과도하게 꺾어 들어 올리지 않는다.

1 양손을 골반 옆에 두고, 양발을 골반넓이 정도 벌려 양무릎을 굽히고 발끝11자로 나란하게 둔다.

2 내쉬는 호흡에 골반을 천정으로 들어 올린 후, 호흡하며 자세 유지한다.

변형 Ⅰ

변형 Ⅱ

변형 Ⅲ

변형 Ⅰ

1 양손골반 옆바닥 양발뒷꿈치 밀착한 후 양무릎 굽혀 세운다.

2 내쉬는 호흡에 골반을 천정쪽으로 들어 올린후 한 호흡 쉰다.

3 좌우 골반균형을 잘잡은 후, 다시 마시고 내쉬는 호흡에 한쪽발을 45°정도 들어올린 후 자세가 완성되면 호흡하고 유지한다.

변형 Ⅱ

1 양손골반 옆바닥 양발은 골반 넓이 정도벌린후 무릎굽혀 세운다.

2 한발을 들어 반대쪽 무릎에 발등을 올리고, 마시고 내쉬는 호흡에 골반을 천정쪽으로 들어올린다. 자세가 완성되면 골반의 균형이 흐트러지지 않도록 호흡하며 유지한다.

변형 Ⅲ

1 양무릎을 굽혀 발바닥을 밀착하고, 양손을 머리뒤로 깍 지껴둔다.

2 내쉬는 호흡에 골반을 들어올려 자세가 완성되면 호흡 하고 유지한다.

3. 옆구리비틀기 자세 I

효과 비만을 줄이는데 효과적이고 간장 비장 췌장을 좋게해서 이들의 무기력증을 해소시킨다.
허리와 엉덩이 부분의 접질림과 결림을 완화시켜준다.

주의 다리뒷쪽 오금을 단단하게 편상태로 유지시킨다.

1 양팔 양옆으로 수평으로 바닥짚고, 양발 뒷꿈치는 밀착시킨다. 내쉬는 호흡에 양발 90°로 들어올린다(허리 바닥 밀착)

2 다시 내쉬는 호흡에 양발을 한쪽 손끝쪽으로 가져가고 시선은 반대쪽 바라보며 호흡하고 유지한다.(좌·우)

효과 척추의 탄력성과 유연성을 향상시킨다.
주의 양발뒷꿈치와 무릎이 떨어지지 않도록한다.

1 양팔 무릎밀착, 양무릎 굽혀 세우고, 양손 T자로 벌려 둔다.

2 내쉬는 호흡에 양무릎 한쪽방향으로 넘기며 시선은 반대쪽 바라보며 호흡하고 유지한다.

5. 옆구리비틀기 자세 III

효과 척추측만증과 척추질환을 예방하는데 도움을 준다.
엉덩이 근육과 척추의 탄력성이 향상된다.

주의 다리뒷쪽 오금을 단단하게 편상태로 유지시킨다.

1 바르게 누워 양발뒷꿈치 밀착, 양손 T자로 벌려둔다.
마시는 호흡에 한쪽다리를 들어 발끝을 몸쪽으로 당긴다.

2 내쉬는 호흡에 들어 올린 다리를 반대쪽 손끝쪽으로 가져가서 발끝을 잡고 시선은 반대쪽 바라보며 호흡하고 유지한다.

효과 척추의 탄력성과 유연성향상에 도움을 준다.
상체를 비틀어줌으로써 옆구리 군살을 빼는데 도움을 주고 소화력을 높이고 변비예방에 좋다.

1 한쪽으로 돌아누워 위쪽에 있는 다리무릎을 구부려 상체앞에 놓고 반대 손으로 무릎을 잡고 몸을 회전시킨다.

2 아래쪽 다리는 등뒤쪽으로 구부려 나머지 한손으로 발끝을 잡는다. 내쉬는 호흡에 상체를 살짝 비틀며 시선은 등뒤쪽을 바라본다. 자세가 완성되면 호흡하고 유지한다.

7. 골반이완자세 Ⅰ

효과 틀어진 골반을 바로 잡는데 도움을 준다.
엉덩이 허리 골반의 유연성 향상과 하체의 기혈을 순환시켜 준다.

주의 어깨와 목에 힘이들어 가지 않도록 하고 턱이 들리지 않도록 한다.

1 바르게 누워 양발 골반 넓이 정도 벌려 무릎 굽혀 세운다. 한쪽 발등을 반대쪽 무릎위로 올린 후 발을 들어 올린다.

2 양손으로 들어올린 다리의 무릎바깥쪽을 깍지껴 잡는다. 내쉬는 호흡에 깍지낀 다리를 가슴쪽으로 서서히 당긴다. 자세가 완성되면 호흡하고 유지한다.

효과 틀어진 골반교정과 이상근을 자극시킨다.
고관절, 골반, 허리의 균형과 긴장을 풀어준다.

주의 반대쪽 펴진 다리뒷쪽이 많이 들뜨지 않는 범위내에서 당긴다.

1 양발 뒷꿈치 밀착 먼저 한발을 들어 'ㄱ'자 모양으로 다리 접어 양손으로 종아리 뒤쪽을 잡는다.

2 내쉬는 호흡에 천천히 잡은 다리를 가슴쪽으로 당긴다. 자세가 완성되면 호흡하고 유지한다.

9. 바람빼기 자세

효과 장내가스제거에 효과적이고 허리를 편안하게 도와준다.
간장과 신장 비장의 기능을 향상시켜준다.

주의 어깨와 목에 힘이들어 가지 않도록 하고 턱이 들리지 않도록 한다.

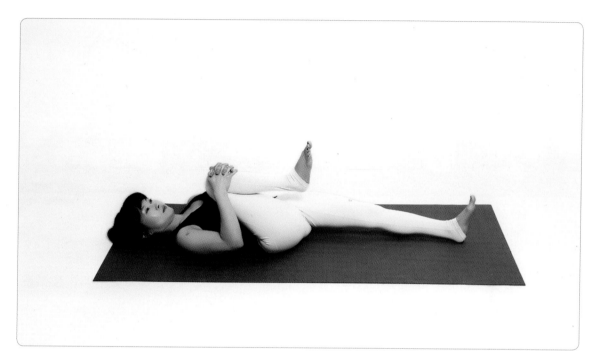

1 바르게 누워 한쪽 다리를 굽혀 무릎살짝 아랫부분을
깍지껴 잡는다.

2 내쉬는 호흡에 깍지낀 무릎을 가슴쪽으로 서서히 당겨
준다. 자세가 완성되면 허리를 들뜨지 않도록 하고 호
흡하며 유지한다.

효과 복부지방을 제거하는데 탁월하다. 허리부분을 강화시키고, 복부기관을 좋은 상태가 되게 한다.

주의 세가지 자세를 한꺼번에 할수 없으면 세단계로 나누어서 해도 무방하다.
　　　허리와 턱이 들뜨지 않도록 주의한다.

1 바르게 누워 양팔 T자 양발 뒷꿈치 밀착한 상태로 둔다. 내쉬는 호흡에 양발 30°로 들어 올리고 정상호흡하며 15초~20초간 자세 유지한다.

2 다시 내쉬는 호흡에 양발 60°로 들어올리고, 정상호흡하며 15~20초간 자세 유지한다.

3 다시 내쉬는 호흡에 양발 수직 될 때까지 들어 올리고 정상호흡하며 15~20초간 자세 유지한다.

11. 복근운동(Ⅰ)

효과 상복부를 자극함으로써 복부비만해소에 좋다.

주의 상체 들어 올릴 때 허리를 바닥에 누르고 어깨만 살짝 띄우는 정도로 한다.
특히, 허리가 안 좋으신 분들은 상체를 과하게 들어 올리지 않는다.

1 등을 바닥에 대고 양발 어깨넓이로 양무릎 굽혀
세운다. 양손을 머리위로 올리고 손등이 바닥으로 향
하게 하고, 턱이 들리지 않도록 가슴쪽으로 당겨둔다.

2 내쉬는 호흡에 상체 어깨만 띄운다는 느낌으로 들어
올리고, 손끝은 무릎에 닿을 듯 하게 하고 호흡한다.

주의 깍지낀손으로 목을 당기지 않는다.

1 등을 바닥에 대고 양발을 어깨넓이로 양무릎 굽혀 세운다. 양손은 머리뒤로 깍지껴둔다.

2 내쉬는 호흡에 상체들어 올려 한쪽 팔꿈치와 반대쪽 무릎이 닿게 한다. 이동작을 좌 · 우 번갈아가며 교대로 동작한다.

12. 쟁기 자세

효과 척추배열을 바르게 하고, 복부장기의 원기를 회복시키고, 소화력을 개선시킨다.
목·척추·어깨의 유연성을 향상시킨다.

주의 목이나 등·허리쪽에 통증이 오는 분은 양손으로 엉덩이를 받쳐드는 정도의 편안한 자세를 유지한다.

1 바르게 누워 양발 뒷꿈치 밀착하고 양손을 골반옆 바닥에 둔다. 내쉬는 호흡에 두다리를 90°로 들어 올린다.

2 다시 내쉬는 호흡에 양발을 머리뒤로 넘기로 양손을 등에 밀착시켜 자세를 안정되게 한다. 자세가 안정되면 호흡에 집중하며 자세 유지한다.

13. 어깨로 서기

효과 갑상선과 부갑상선의 기능을 개선시킨다. 흥분, 신경쇠약, 불면증을 다스려 신경안정
효과를 볼수 있다. 비뇨기질환, 자궁편위, 월경불순, 치질, 탈장예방, 치료에도 도움을 준다.

주의 목과 어깨가 바닥에서 들뜨지 않도록 고정 시킨다.

쟁기자세에서 내쉬는 호흡에 가능하면 양발을 동시에 천정
에 들어올리고, 힘들면 한발한발 들어올린후 호흡하며 자
세 유지한다.

효과 굽은등과 어깨 가슴을 펴주는데 도움을 준다. 골반관절과 무릎관절의 유연성이 향상된다. 폐의 강화와 심장의 혈액순환을 촉진시킨다.

주의 무릎관절이 좋지 않으신 분은 무리하게 하지 않는다.

1 바르게 누워 편안한 발부터 먼저 접어 반대쪽 허벅지위에 발등을 올리고 나머지 발도 접어 결기부좌로 만든다. 양손은 가슴위로 가볍게 올려 팔꿈치를 세워둔다.

2 내쉬는 호흡에 팔꿈치를 눌러 가슴을 들어 올리고, 머리 정수리를 바닥에 내린다. 자세가 완성되면, 호흡에 집중하며 자세 유지한다.

효과 목을 펴주어 갑상선 기능향상에 도움을 준다.
머리로 가는 혈행을 좋게해서 머리가 맑아지고 피부가 깨끗해진다.

주의 일자목이거나 목디스크가 있는 분은 무리하게 동작을 실시하지 않는다.

1 바르게 누워 양손을 엉덩이 밑에 넣고, 엄지손가락이 서로 맞닿도록 붙인다.

2 내쉬는 호흡에 팔꿈치 굽혀 가슴을 천정쪽으로 들어올려 정수리를 바닥에 내려놓는다. 이때, 체중이 목에 너무 실리지 않도록 팔꿈치와 골반으로 분산시킨다. 동작이 완성되면 호흡하며 자세 유지한다.

16. 물고기 자세 III

효과 가슴을 충분히 확장시켜, 흉추를 유연하고 건강하게 해준다.
등과, 목을 좋은 상태로 하고, 갑상선의 활동을 조절한다. 복부근육을 강화시킨다.

주의 고혈압 저혈압이 있으신 분은 주의한다. 라식이나 라섹을 하신 분은 주의를 요합니다.

1 바르게 누워 양발을 뒷꿈치 밀착시키고 양손은 팔꿈치 굽혀 가슴위에 둔다.

2 내쉬는 호흡에 팔꿈치 눌러 가슴을 들어 올리고, 머리 정수리를 바닥에 둔다.

3 다시 내쉬는 호흡에 양발 45° 정도 들어 올리고 자세가 안정이 되면 양팔을 들어 올려 손바닥을 밀착시킨 후 다리와 평행을 유지한다.

4 자세가 완성되면 호흡하고 유지한다.

17. 아치 자세 I

효과 팔과 손목을 강화하고, 등이 강해진다.
전신근육에 활력과 에너지가 생기며 복부와 흉부를 펴줌으로써 내장기관의 활성화를 돕는다.

주의 손목과 팔이 약한 분은 팔꿈치를 다펴지 않는 상태에서 머리를 바닥에 내리는 정도만 실시한다.

1 양발을 골반 넓이로 벌린 후 무릎을 굽혀 세워 발뒷꿈치를 엉덩이 가까이 밀착시킨다. 양손바닥은 손끝이 얼굴 방향을 보도록 하고 귀옆바닥에 둔다.

2 내쉬는 호흡에 팔과 다리에 힘 넣고 배를 천정 쪽으로 들어올린다. 몸을 아치모양으로 만들고 체중을 손바닥과 발바닥에 골고루 싣고 호흡하며 유지한다.

효과 전신다이어트에 효과적이다. 골반자극을 통해 부인병치료 효과와 생식기 기능을 향상시킨다.
균형감각을 강화시킨다.

※ 아치 자세 I 에서 내쉬는 호흡에 한발을 들고 호흡하며 자세 유지한다.

효과 다리의 혈행이 좋아져 부종을 예방하고 다리선을 예쁘게 만든다.
등의 통증을 덜어주며 탈장을 예방한다.

주의 몸이 일직선이 되도록하고, 엉덩이가 뒤로 빠지지 않도록 한다.

1 한쪽으로 돌아누워 양발 뒷꿈치 밀착시키고 아래쪽 팔꿈치는 굽혀서 머리를 받쳐둔다.

2 위쪽에 있는 무릎 구부려 엄지 검지 중지 손가락으로 엄지발가락을 잡는다. 내쉬는 호흡에 엉덩이에 힘 넣고 잡고 있는 팔과 다리를 수직으로 뻗고 자세가 완성되면 호흡하고 유지한다.

효과 허리질환(디스크, 요통, 고관절) 통증을 완화시키는데 도움을 준다. 전신의 활력을 증가시키고 소화기계통을 강화시킨다. 등뒤쪽 라인을 아름답게 만들어준다.

주의 허리 질환을 앓고 있는 분은 팔꿈치를 다펴지 않고, 시선은 바닥을 바라본다.

1 이미를 바닥에 대고 양발을 골반넓이로 벌린 상태에서 양손을 가슴옆 바닥에 팔꿈치를 세워둔다.

2 내쉬는 호흡에 상체를 일켜 세우고, 팔꿈치를 곧게 펴서 시선은 천정을 바라보며 호흡하고 유지한다.

21. 코브라 자세 변형

효과 좌 · 우 골반의 불균형을 해소하고 척추의 탄력성이 생긴다. 상체를 비틀어줌으로써 내장기관들의
활성화를 돕는다.

주의 완성 자세에서 무릎굽힌쪽 골반이 들뜨지 않도록 바닥으로 내린다.

1 이미를 바닥에 대고 양발 뒷꿈치 밀착. 양손은 가슴옆
바닥에 팔꿈치를 세워둔다.

2 먼저 한쪽무릎을 바닥에 'ㄱ'자로 구부려 둔다.(이때 발
목도 직각유지) 내쉬는 호흡에 상체들어 올리고 시선
엄지발끝을 바라보며 호흡하고 유지한다.

효과 소화를 도와주고 위장장애와 가스제거에 효과적이다. 척추의 탄력성이 생기고, 정력과 활력을 불어 넣어준다. 디스크, 좌골신경통 환자에게 효과적이다.

주의 다리를 들어 올릴 때 허리를 팅기며 들어 올리지 않도록 한다.

1 턱을 바닥에 대고, 양발 골반 넓이로 벌려 양손을 허벅 지 밑바닥에 둔다.

2 내쉬는 호흡에 턱은 바닥에 두고 괄약근을 쪼이며 엉 덩이 힘으로 두다리를 들어 올린다. 자세가 완성되면 호흡하고 유지한다.

23. 메뚜기 자세 변형 I

효과 매끄러운 등라인을 만들어준다. 허리와 엉덩이 근육을 발달시킨다.
체온을 상승시키는 효과가 있다.

주의 어깨쪽에 힘이 들어가지 않도록 한다.

1 양손등을 포개어 턱을 올리고, 양발 골반 넓이로 벌려
둔다.

2 내쉬는 호흡에 엉덩이 힘 넣고 두다리를 들어 올리고,
자세가 완성되면 호흡하고 유지한다.

24. 메뚜기 자세 변형 II

효과 허리근육을 강화시키는데 도움을 준다. 균형감각을 향상시키고 다리로 가는 혈행을 좋게한다.

1 배와 턱을 바닥에 대고 엎드린 후, 양발밀착, 양손은 팔 꿈치 굽혀 가슴옆 바닥에 둔다.

2 내쉬는 호흡에 한발 천정으로 높이 들고 반대쪽 다리 는 무릎 굽혀 발바닥을 들어 올린 무릎에 대고 중심 잡 는다. 자세가 완성되면 호흡하고 유지한다.

25. 비행기 자세

효과 복부 및 허리힘을 강화시키는데 도움을 준다. 허리근력강화에 도움을 준다.
매끈한 등라인을 만든다.

1 배를 바닥에 대고 엎드린 후, 양손 양옆으로 하고 양
발 골반넓이로 벌린다.

2 내쉬는 호흡에 아랫배에 힘넣고 팔과 다리, 고개를 모
두 들어 올리고 자세가 완성되면 호흡하고 유지한다.

1 배를 바닥에 대고 엎드린 후, 양발 골반 넓이로 벌리고 양손은 등뒤로 깍지껴둔다.

2 내쉬는 호흡에 아랫배 힘 넣고 팔과 다리 고개를 모두 들어 올린 후 자세가 완성되면 호흡하고 유지한다.

26. 활 자세

효과 척추에 탄력을 넣고 척추노화를 예방한다. 복부기관들을 좋은 상태로 만들어 준다.
변비와 생리통을 없애는데 도움을 준다.

주의 손으로 발목을 당기지 않는다.

1 배를 바닥에 대고 엎드린 후, 양무릎 굽혀 양손으로 발
등을 잡는다.

2 내쉬는 호흡에 아랫배와 엉덩이에 힘 넣고, 팔, 다리 고
개를 동시에 들어 올리고 자세가 완성되면 호흡하고
유지한다.

효과 내장기관을 맛사지하고 강화시킨다. 복부와 허리근육을 발달시킨다.
주의 몸이 한쪽으로 기울지 않도록 균형을 유지한다.

1 배를 바닥에 대고 엎드려 한손은 머리위로 뻗어 놓는다.

2 한발 무릎굽혀 반대 손으로 발등을 잡는다. 내쉬는 호흡에 아랫배와 엉덩이에 힘 넣고, 팔 다리 고개를 동시에 들어 올리고 자세가 완성되면 호흡하고 유지한다.

효과 척추측만증 치료 예방에 도움을 준다. 신장의 기능을 향상시킨다.
허리의 회전력을 향상시킨다.

주의 무릎이 좋지 않는 분은 무릎을 편상태로 동작을 한다.

1 엎드린 자세에서 턱을 바닥에 두고 양팔을 T자로 벌려
둔다.

2 마시는 호흡에 한발 들어 무릎 살짝 굽힌다. 내쉬는 호
흡에 굽힌 다리를 반대쪽 바닥에 내리고 편안하게 호
흡하며 자세 유지한다.

효과 골반과 허리의 경직과 피로를 풀어준다. 옆구리와 등에 담을 없애는데 도움을 준다.

1 배를 바닥에 대고 엎드려 양손 T자로 하고 양발 뒷꿈치를 밀착한다. 먼저 한쪽 다리 무릎 굽혀 같은쪽 손으로 발등을 잡는다.

2 마시는 호흡에 잡고 있는 팔과 다리를 높이 들고 내쉬는 호흡에 반대쪽 바닥을 향해 넘긴다. 잡은 팔과 다리의 반대쪽 뺨을 바닥에 내린 후 호흡하며 자세 유지한다.

효과 옆구리 군살을 제거하여 아름다운 허리선을 만든다.
주의 어깨힘이 너무 들어가지 않도록 하고 양발 뒷꿈치가 떨어지지 않도록 한다.

1 한쪽으로 돌아누워 아래쪽 팔꿈치를 굽혀 손바닥으로 머리를 받치고 위쪽에 있는 팔을 가슴앞에 손끝이 얼굴을 향하도록 바닥에 둔다.

2 양발 뒤꿈치를 밀착하고 엉덩이가 뒤로 빠지지 않도록 한다. 내쉬는 호흡에 옆구리와 엉덩이 힘으로 두다리 들어올려 호흡하고 유지한다.

31. 측복근 운동Ⅱ

효과 전신근력강화와 옆구리 근육을 단련시킨다.

1 한쪽으로 돌아누워 아래쪽 팔꿈치를 'ㄱ'자로 굽혀주고 양발 뒷꿈치 밀착하고 위쪽 팔은 가슴앞쪽 바닥에 둔다.

2 내쉬는 호흡에 엉덩이 힘넣고 상체 들어 올린후 균형 잡히면 손을 들어 올려 호흡하고 유지한다.

32. 내전근 강화운동

효과 아름다운 다리선을 잡아주며 힙업효과 및 허벅지 안쪽 근육강화에 도움을 준다.
주의 다리를 들어올릴때 엉덩이가 뒤로 빠지지 않도록 한다.

1 옆으로 누워 한손 머리밑에 팔베게, 다른 한손은 팔꿈치 굽혀 세운 후 위에 다리는 무릎 굽혀 세워두고, 아래 다리는 발끝을 당겨둔다.

2 내쉬는 호흡에 엉덩이와, 허벅지 안쪽 힘으로 아래 다리를 들어올린다. 동작이 완성되면 호흡하고 유지한다.

33. 둔부와 햄스트링 운동

효과 힙업효과와 함께 하체비만을 예방할 수 있고, 척추기립근을 강화시킨다.

주의 허리에 힘을 주어 다리를 들어올리지 않는다.

1 배를 바닥에 대고 엎드린 후 양손등을 포개어 이마를 놓는다.

2 양발은 어깨넓이 정도 벌려 무릎을 굽혀 발뒷꿈치만 밀착후 발끝은 열고 무릎을 바닥에서 살짝 띄워둔다. 내쉬는 호흡에 엉덩이에 힘넣고 다리만 들고 호흡한다.

34. 발등밀기

효과 등뒤쪽 전체에 자극을 주어 뒷라인을 예쁘게하고, 하체근육을 단련시킨다.

1 배를 바닥에 대고 한쪽다리를 굽혀 반대손으로 잡고, 한손은 머리위로 팔을 펴둔다.

2 내쉬는 호흡에 상체와 잡고 있는 팔과 다리를 들어올린다. 허벅지힘으로 발등을 밀어주며 호흡하고 유지한다.

효과 요추와 골반사이를 수축, 이완을 반복적으로 움직여주어 척추의 유연성이 향상된다.
주의 허리를 바닥으로 내릴때는 턱이 들뜨지 않도록 한다.

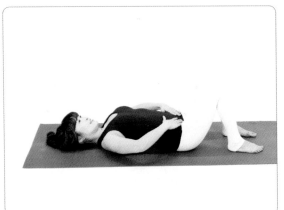

1 양발의 넓이를 골반 넓이로 벌려, 무릎굽힌 후 발끝을 11자 나란하게 양손골반 위에 둔다. 마시는 호흡에 허리를 바닥에서 살짝 띄우고 꼬리뼈를 바닥에 둔다.

2 내쉬는 호흡에 허리를 바닥으로 누르며, 꼬리뼈를 바닥에서 살짝 띄운다. (2,3,번 동작을 호흡과 함께 반복실시한다.)

36. 발끝치기

효과 고관절의 유연성 강화와 전신혈액 순환에 도움을 주고, 손발저림 완화에 도움을 준다.

1 바르게 누워 양발 골반 넓이로 벌린 후, 양손 편안하게 골반 위에 둔다.

2 호흡 편안하게 하며 약 5분~10분 정도 발끝치기를 반복 실시한다.

효과 골반의 유연성 향상과 하체의 기혈을 순환시키는데 도움을 준다.

1 양발바닥을 마주붙여 양손으로 깍지껴 감싸잡는다

2 마시는 호흡에 양손으로 두발 높이들었다가, 내쉬는 호흡에 가슴쪽으로 깊게 당겨온다. 자세가 완성되면 호흡하고 유지한다.

효과 척추에 탄력성을 높여 유연성향상과 척추노화 예방에 도움을 준다.
복부기관들의 활성화를 돕는다.
심폐기능 강화에 도움을 준다.

1 배를 바닥에 대고 양발 어깨 넓이, 한쪽 팔꿈치는 굽혀 세우고 반대팔은 수평 나란하게 뻗어둔다.

2 내쉬는 호흡에 뻗은 손과 함께, 상체를 회전시킨 후 시선은 손끝을 바라보며 호흡하고 유지한다.

효과 틀어진 골반의 불균형을 바로잡는데 도움을 준다.
골반자극을 통해 생식기 기능을 향상시킨다.

1 양발을 매트폭만큼 벌려 무릎을 굽힌 후 발끝을 살짝 열어둔다.

2 먼저 한쪽 무릎을 안쪽으로 접고, 접힌 무릎 위로 반대쪽 무릎으로 덮고 호흡하며 유지한다.(위에 무릎으로 아래 무릎을 살짝 눌러주며 호흡한다.)

40. 허리들기 자세

효과 척추경락 전체를 자극주어, 허리를 탄력있고 강화시는 데 도움을 준다.

1 바르게 누워 양발 골반넓이, 양손을 골반 옆에 세워 둔다.

2 내쉬는 호흡에 엉덩이에 힘넣고 허리와 엉덩이를 들어 올려 호흡하며 유지한다.

5. 둘이서 하는 동작

서로가 서로에게 의지하고 믿고 편안한 마음으로 부부 연인 친구랑 하기 좋은 요가

1. 다이아몬드 동작

효과 성기능 개선동작(여성 교정 효과)
남성의 하체 경직해소 / 허리를 강하게 척추 골반 좋게 하고 배뇨장애 정력강화

주의 무리하게 다리 늘리지 않는다.

1 서로 손잡고 앞, 뒤 왔다 갔다 워밍업 후에 한사람이
앞으로 굽히고 한사람은 뒤로 눕는다.

2 오른손으로 서로 손잡고 왼팔 높이 들어서 왼쪽으로
굽히고 유지한다.

효과 상체와 어깨의 긴장을 풀어주며 자세를 교정한다.
전신근육을 조화롭게 하며 강화시킨다.
집중력, 균형감각, 인내력을 향상시킨다.
엉덩이 근육을 탄력있게 해준다.

주의 등 굽히지 말고 척추를 편다.

1 양손을 어깨위에 올리고 뒤로 물러나면서 상대방의 어깨를 지긋이 눌러준다.

2 상체, 하체는 'ㄱ직각'이 되도록 한다.

3 양발을 모으고 하체에 힘을 주고 다리를 천천히 들어 일직선이 되도록 한다.

효과 엉덩이와 다리, 척추의 힘을 강화시킨다.
인내력과 지구력이 생긴다.
혈액순환이 잘되며 힘을 골고루 불어 넣는다.

주의 허리, 엉덩이, 허벅지와 하체와 힘을 실어준다.
복부에 힘을 주고 균형을 잡아 유지한다.

1 다리를 어깨 넓이로 벌리고 양손목을 잡고 시선은 서로를 마주본다.

2 천천히 의자에 앉는다는 느낌으로 발바닥에 힘을 골고루 실어 무릎을 굽혀 천천히 엉덩이를 내려놓는다.

효과 기관지 통로와 폐를 확장해 정화시켜준다.
목과 허리의 유연성을 기르고 정력과 활력을 증가시킨다.
척추 탄력성증가, 갑상선 기능을 향상 시킨다.

주의 골반, 복부, 가슴을 열어낸다. 전신에 힘을 골고루 지탱하여 균형을 잡는다.
무릎을 굽히지 않고 일직선이 되도록 한다.

1 20cm~30cm 정도 간격을 두고 다리 골반넓이 만큼 벌린다.

2 파트너의 손목을 잡고 가슴과 팔은 펴고 머리를 뒤로 해서 유지한다.

5. 등척추 늘이기

효과 등허리 긴장 풀어준다. 가슴근육 신전 시킨다.

주의 위에 있는 사람이 힘을 뺀다.

1 양 팔꿈치를 감싸고 한사람이 무릎 굽혀 골반을 내린다.

2 무릎을 펴면서 상체를 앞으로 굽혀서 유지한다.

6. 옆구리 늘이기

효과 옆구리 허리라인이 아름다워진다.
간장, 비장, 췌장을 마사지해 준다.
하체근육을 기르며 탄력성증가 신장 기능을 향상 시킨다.

주의 몸을 최대한 확장시켜 몸이 한쪽으로 치우치지 않도록 한다.
옆구리를 많이 늘려준다.

1 왼발, 오른발을 밀착시키고 정면을 바라보고 다리간격을 넓게 벌려 아래로 안쪽 손을 잡는다.

2 위로 손을 잡고 바깥쪽 무릎을 굽히고 시선을 위로 향하고 유지한다.

7. 가슴확장 시키기

효과 등, 어깨 결림과 통증 예방 하체 근력강화, 가슴확장과 자신감
주의 서로 힘을 골고루 실어 당긴다.

1 전사 자세Ⅱ에서 바로 연결해서 전사 자세Ⅲ로 바꾼다.

2 무릎 굽혀 내리고 양팔을 펴서 당기고 유지한다.

8. 춤의 여왕 자세

효과 힙업, 척추 등허리 라인 살리고 발목힘 강화, 균형감각, 집중력, 통제력, 향상.

주의 복부 허리힘 균형 잡아 유지한다.

1 파트너와 넓게 간격을 두고 마주서서 먼저 왼발을 들어 발목을 잡는다.

2 손바닥 마주 붙혀 높이 들고 팔. 다리를 충분히 펴서 유지한다.

9. 등, 어깨 풀기

효과 등, 어깨 긴장 풀어주고 스트레스를 감소시킴.

주의 팔, 어깨 긴장을 풀어준다.

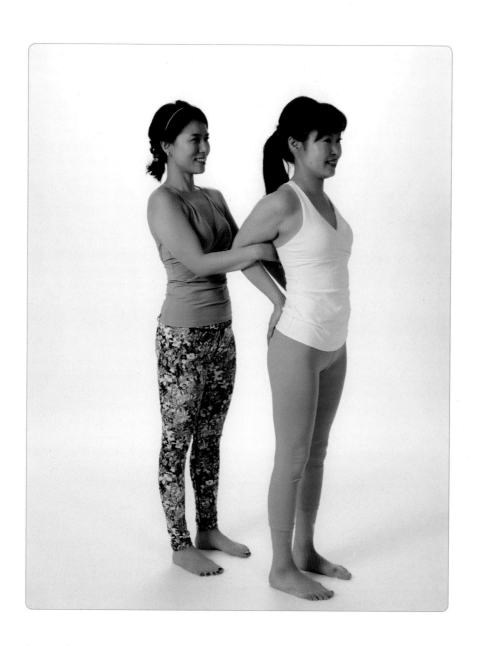

1 등두에서 깍지 끼고 손등으로 등을 밀어준다.

2 양 팔꿈치를 모아서 유지한다.

효과 손바닥 혈액순환
주의 서로 팔이 올라가지 않도록 한다.

1 서로 마주보고 팔꿈치를 옆구리 쪽에 밀착시키고 서로 손바닥을 마주 붙인다.

2 마주 보면서 손뼉치기를 한다.

11. 허리 운동

효과 척추, 요추 힘 강화

주의 양 팔꿈치를 넓게 펴준다.

1 양손을 머리뒤에 깍지끼고 팔꿈치를 펴준다.

2 복부. 허리힘으로 상체를 일으키고 유지한다.

효과 측복근 옆구리 힘 강화 수축 강화시킴.

주의 엉덩이가 뒤로 빠지지 않도록 한다.

1 옆으로 누워서 아래 팔은 한손을 어깨에 올린다.

2 위에 팔은 서로 손을 잡고 상체를 일으켜 세운다.

13. 복근 운동

효과 상.하 복부의 힘 강화. 척추 허리힘 강화
주의 척추를 길게 편다.

1 누워서 양손을 머리뒤에 깍지를 끼고 팔을 펴준다.

2 상체를 일으키고 내리고 반복한다.

14. 다리 들기 운동

효과 복부, 허리 힘 강화. 하단권 하체 근력강화

주의 무릎과 발등을 길게 펴준다.

1 누워서 양손으로 서있는 사람 발목을 잡는다.

2 하복부 힘으로 양다리를 들고 위에서 발끝을 아래로 밀어주며 반복한다.

15. 양다리 들기

효과 다리의 각선미를 살리고 척추를 바르게 해줌.
주의 꼬리뼈를 바닥으로 허리를 세운다.

1 양손 잡고 발바닥을 마주 붙여 양다리를 높이 들어 유지한다.

2 서로 오른손을 잡고 왼팔을 펴서 뒤로 회전해서 유지한다.

효과 고관절, 골반을 교정. 옆구리 유연성 향상. 통증 완화시킴.
주의 서로 등을 마주 붙인다.

1 양다리를 현자세에서 오른팔꿈치를 바닥에 밀착시키고 왼팔을 들어서 길게 펴 내고 유지한다.

17. 등. 척추 긴장 풀기

효과 경추, 척추, 요추, 하체에 긴장을 풀어준다.

주의 아랫사람 힘을 빼고 유지한다.

1 엎드려서 팔을 좌우 넓게 펴고 힘을 빼고 눕는다.

2 서 있는 사람이 양발을 잡고 천천히 들어서 앞쪽으로 와서 다리를 들고 유지한다.

18. 발목 긴장 풀기

효과 발등, 발목 긴장완화
주의 발끝을 지그시 눌러준다.

1 엎드려 양팔을 벌려고 누워 기다린다.

2 양무릎 잡고 발등을 크로스해서 발끝을 지그시 누르고 유지한다.

19. 등 긴장 풀기

효과 전신의 긴장을 풀어주고 이완시킴.

주의 전신의 힘을 뺀다.

1 아래 있는 사람 허리에 엉덩이를 올린다.

2 양다리 펴고 뒤로 누워서 양팔을 위로 펴고 힘빼고 유지한다.

효과 어깨, 등 라운더 숄더 예방시킴.

주의 무리하게 손목을 당기지 않는다.

1 엎드려서 양무릎 접고 발바닥을 편다.

2 발바닥위에 앉아서 서로 손목을 잡고 천천히 위로 당기고 유지한다.

21. 어깨 · 가슴펴기 Ⅱ

효과 팔, 어깨 뭉친 근육풀기
주의 가슴을 자연스럽게 편다.

1 양발바닥을 등뒤 골에 밀착시키고 서로 양손을 잡고 다리와 팔을 길게 펴고 유지한다.

효과 가슴근육 긴장풀고, 어깨, 팔에 긴장을 풀어줌.
주의 복부는 당기고 유지한다.

1 엎드려서 양무릎 접고 발바닥을 편다.

2 발바닥위에 앉아서 서로 손목을 잡고 천천히 위로 당기고 유지한다.

23. 허벅지 누르기(받다 코나 아사나)

효과 등 척추, 어깨 이완 고관절 긴장풀기
주의 허리를 길게 펴낸다.

1 서 있는 사람 발목을 잡는다.

2 상체를 길게 늘이면서 앞으로 펴낸다.

24. 척추 스트레칭

효과 팔, 등, 척추를 부드럽게, 복부 내장기관 활성화 시킴.

주의 턱 당겨 힘을 뺀다.

1 양무릎 굽혀서 서로 마주보고 손목을 잡는다.

2 등, 허리를 둥글게 만들어서 유지한다.

25. 활 자세

효과 어깨, 척추 긴장 풀어주고 가슴근육을 펴준다.
주의 양 어깨를 펴준다.

1 엎드려서 양손으로 발등을 잡고 상체를 일으킨다.

2 양손으로 양가슴을 펴 주면서 위로 당기고 유지한다.

1

2

3

4

5

6

part 2. 필라테스

1. 필라테스 이론

필라테스이론, 폼롤러이론 등

필라테스(pilates) 운동요법은

독일 태생의 조셉 필라테스(Joseph H. pilates 1880~1967)에 의해

1920년대 새롭게 정립된 운동요법으로 신체를 인지하여 해당하는 근육을 활성화시키는 운동으로 자신의 신체에 대한

인식을 높여 건강한 신체를 얻는 운동요법이다.

필라테스는 500여개가 넘는 동작으로 구성되어 있으며, 요가, 체조, 웨이트 트레이닝, 기계체조, 무용 등의 동작에서 왔다.

현재의 필라테스는 초 중 고급으로 단계를 체계화하고 복부, 등 엉덩이를 강화하여 골격구조를 지지하는 심 긴장성

근육을 발달시킨다. 이 근육을 조셉 필라테스는 신체의 "파워 하우스"라 명할 정도로 중요시 하고 있다.

이 요법은 신체 중심을 유지하고 척추를 신장시키며 신체 인식능력을 강화하고 긴장된 근육의 유연성을 높인다. 등, 무릎,

둔부, 어깨의 반복과다 손상에 대한 회복을 빠르게 하고 신체의 불균형성과 만성적 취약성을 교정하여 재발을 방지하며

바른 균형상태를 회복시킨다. 조셉은 다음과 같이 말을 했다.

1. 10회 치료 후 스스로 변화를 느낄 것이다.

2. 20회 치료 후 그 변화를 타인이 느낄 것이다.

3. 30회 치료 후 완전히 달라진 몸을 체험할 것이다.

필라테스의 개념

20세기 초반에 개발된 새로운 신체 운동법(Physical Fitness)

창시자인 조셉 필라테스는 이것을 조절학(Contrology)이라 부름

(그가 죽고 난 후, 필라테스(Pilates)라 불리고 있다.)

독일을 비롯한 미국과 영국을 중심으로 세계적으로 알려진 운동법

나 자신을 알아가는 심신을 단련하는 운동요법(Body Awareness)

일상생활에서 잘못된 신체 움직임을 재교육(Re-education)하는 운동요법

정신과 신체를 통합하는 생각하는 운동요법(Mind Body Integration)

필라테스 기본 원리

호흡

집중

조절

중심

정확

흐름

 필라테스의 효과

자세 개선

통증 감소

혈액 순환 개선

신체 중심 근육 강화

신체 유연성 향상

스트레스 감소

호흡 기능 향상

 필라테스 안정성과 분리

몸통의 안정성

어깨의 안정성

골반의 안정성

척추 분절 / 중립 / 신장

필라테스 철학

건강한 신체 = 행복

몸과 마음의 균형

현대인의 이상적인 라이프 스타일 ▶ 추구하는 육체적 정신적 스트레스 해소

필라테스 소도구

1. 짐볼 (Gym ball)

고무 재질의 공으로 주로 엉덩이 아래에 놓거나 발목 또는 다리 사이에 끼우고 하는

동작들에 사용된다.

손에 잡히는 작은 사이즈의 짐볼은 스트레칭이나 복부 강화, 밸런스 강화 운동을 할 수

있다.

볼은 열량, 궁극적 지방을 연소시키는 도구로도 사용될 수 있다.

단순히 볼에 앉아서 팅기는 것만으로도 역동적이고 안전한 유산소성 운동이 되어 대사량을

증가시킴으로써 비만 예방 및 치료에 유용하다.

볼 자체가 중량을 제공하므로 운동의 강도에도 변화를 줄 수 있다.

짐볼은 자신의 키에 맞는 사이즈를 선택한다.

165cm 이하: 지름 55cm 볼

165cm~180cm: 지름 65cm 볼

180cm~200cm: 지름 75cm 볼

200cm 이상: 지름 85cm

(이상적인 볼의 공기 주입정도 : 손가락으로 눌렀을 때 약간 눌리는 정도가 적합)

2. 폼룰러(Foam roller)

소도구 폼룰러(foam roller)는 물리치료사들이 수년간 재활치료와 환자들의 가정 운동 프로그램에 사용해 왔으며 경제적이고 휴대성이 있어 어디서든 쉽게 운동 할 수 있는 특징이 있다.

신체의 수축된 근육과 신체의 무게를 이용하여 이완시켜 스트레칭 된다.

척추의 바른 정렬과 우리 몸의 밸런스를 향상시켜주고, 신체 각 관절의 가동 범위를 증가시킨다.

목적에 따라 재활치료, 자세 교정 그리고 운동 등의 여러 용도로 알려져 있다.

둥근 면을 이용하면 척추나 근육 마사지 도구로 이용 할 수도 있다.

중량이 가볍고 충격흡수력이 좋은 고급 스펀지 재질인 EVA로 만들어진 폼룰러는 길이 90cm, 지름 15cm의 긴 원형 막대기 모양을 가지고 있다.

3. 매직 셔클 (Magic circles)

양쪽에 손잡이가 달린 동그랗게 생긴 필라테스 소도구이다.

탄력 있는 소재로 주로 손잡이를 잡고 링을 조이면서 근력을 강화시킬 수 있으며 엉덩이와 가슴을 업 시키는 운동에 효과적이다.

허벅지(inner/outer thigh)를 운동할 때도 매우 좋은 도구이다.

4. 밴드 (Band)

탄력 밴드는 환자를 위한 재활 또는 운동 치료 도구로 사용되어 왔다.

신축성이 있는 고무재질로 되어 있어 탄력도를 자유자재로 조절할 수 있을 뿐만 아니라, 가볍고 부피가 작으며 내구성이 높아서 장시간 사용 시에도 손상되는 것을 최소화 할 수 있다.

경제적이고 휴대성이 있어 어디서든 쉽게 운동할 수 있고, 운동의 난이도를 높이기 위한 도구로 사용된다.

밴드를 잡는 위치와 밴드의 두께에 따라 강도 조절이 가능하다.

튜빙밴드의 운동저항(resistance)과 운동도움(assistance)의 방법은 신체 특정 근육을 강화시키고 조절할 수 있도록 한다.

세라밴드의 경우 강도별로 노란색<적색<녹색<청색<검정색<은색 (강도가 낮은 순)

여성에겐 빨강색밴드가 적당하다.

5. 기타 소도구

보수(Bosu)

아크 배럴(Arc barrel), 스파인 서포터(Spine supporter), 디스크 보드(Disk board), 엣지(Edge),

미니 플렉스 볼(Mini flex ball), 토닝 볼(Toning ball) 등이 있다.

2. 필라테스 (1) 짐볼

1. 긴장된 척추 스트레칭

효과 척추 회전근을 자극시킴으로서 몸통사이에 긴장된 근육을 이완시키며 재 정렬한다.

주의 몸통 전체가 회전되지 않도록 한다.(척추마디마디가 회전된다고 상상한다.)

1 양발 편안하게 반가부좌로 앉아 볼을 팔꿈치펴서 바르게 잡는다.

2 내쉬는 호흡에 골반은 바닥에 단단히 고정시키고 상체만 회전시켜준다. 이 동작을 좌·우 번갈아가며 5회씩 한다.

효과 대퇴사두근과 햄스트링을 강화시키고 상체를 회전해줌으로써 척추의 탄력성이 생긴다.

주의 엉덩이와 허벅지에 무게중심을 실어주고 복부에 힘을 넣고 중심을 잘잡을수 있도록 한다.

1 서 있는 자세에서 한발을 뒤로 빼고 볼은 어깨위치까지 들어올린다.

2 시선은 정면, 상체를 곧게 펴고, 마시는 호흡에 뒤로 뺀 다리의 무릎을 천천히 바닥을 향해 아래로 낮추고 두 무릎의 각도가 90˚ 될 때, 내쉬는 호흡에 상체를 회전시킨다.

3. 서서 옆구리 늘리기

효과 상체 옆 측면 외·내복사근자극으로 옆구리쪽 군살을 제거하는데 효과적이다.

주의 옆으로 기울일 때 골반이 반대쪽으로 밀려나 가지 않도록 한다.

1 양발 어깨넓이 발끝 11자 모양, 양손 머리위로 볼을 잡는다.

2 내쉬는 호흡에 골반 밀리지 않도록 하고 상체를 한쪽 측면으로 기울인다. 좌·우 5회정도 반복실시한다.

효과 탄탄한 허벅지 근육과 예쁜 엉덩이를 만드는데 효과를 주어, 탄력있는 하체를 만드는데 효과적이다.
주의 어깨와 목에 힘이들어 가지 않도록 하고 턱이 들리지 않도록 한다.

1 양손에 볼을 잡고, 양발 골반넓이로 벌리고 발끝 11자 모양으로 선다.

2 마시는 호흡에 천천히 양무릎 직각으로 굽히고, 내쉬는 호흡에 허벅지 자극을 느끼며 원위치로 돌아온다. 이 동작을 5회∼10회 정도 반복 실시한다.

5. 바운스하며 손뼉치기

효과 몸을 위 아래로 바운스를 넣음으로써 심폐기능을 강화시키고 가슴근육과 팔근육을 스트레칭 시킨다.

1 볼위에 앉아 다리를 어깨넓이 발끝 11자 모양으로 양손을 양옆으로 둔다.

2 가볍게 점핑하며 ❶ 양손 T자 ➡ ❷ 양손 볼옆 ➡ ❸ 양손 머리위로 손뼉 ➡ ❹ 양손볼옆 이 동작을 10회~20회 정도 반복 실시한다.

효과 바운스를 넣으며 한발씩 앞차기를 함으로써 신체 균형감각과 다리근육 강화에 효과적이다.

1 볼위에 앉아 양발 골반넓이 양팔을 가슴앞쪽에 '램프의 요정지니'처럼 자세를 취한다.

2 바운스를 넣으며 한발씩 앞차기를 한다. 이동작을 좌·우 10회 정도 실시한다.

7. 골반 근육 강화

효과 골반하부쪽 근육들을 자극시킴으로써 생식기주변 근육들이 강화되고 탄력이 생긴다.

1 볼위에 앉아 양발 어깨 넓이 2배정도 발끝을 살짝열고 양손은 무릎위에 둔다.

2 자연 호흡을 하며 의식을 골반근육에 두고 골반을 한 방으로 반복회전 시킨다.(천천히) 좌·우 각각 10회 정도 반복 실시한다.

8. 더 소우

효과 척추의 회전력을 증가시키고, 등근육과 함께 요방형근을 강화시킨다.
주의 양쪽 엉덩이를 바닥에 단단히 붙여야 스트레칭효과가 커진다.

1 볼을 다리사이에 끼우고 등을 세워 허벅지 안쪽힘으로 볼을 쪼인다.

2 내쉬는 호흡에 한팔을 반대쪽 볼 옆측면에 손을 대고 반대쪽 팔은 뒤로 뻗는다. 이 동작을 좌·우 5회 정도 반복 실시한다.

효과 뭉친 어깨쪽 근육을 편안하게 이완시켜준다.
　　　척추를 길게 늘여 등과 허리를 시원하게 스트레칭 시킨다.

주의 볼을 잡고 있는 손바닥이 움직이지 않도록 볼을 회전시킨다.

1 양무릎 밀착상태로 상체 숙여, 양손은 어깨넓이로 11자 나란하게 손바닥을 볼에 밀착시킨다.

2 내쉬는 호흡에 천천히 볼을 한쪽으로 회전시키고, 시선은 반대방향을 바라본다. 이때 손바닥이 떨어지지 않도록 공을 굴린다. 이 동작을 좌·우 5회~10회 정도 반복 실시한다.

효과 옆구리쪽 스트레칭을 통해 군살을 제거함으로써 허리선을 예쁘게 만들어준다.

주의 상체를 옆으로 기울일 때 골반이 반대쪽으로 밀리지 않도록 주의한다.

1 양무릎은 골반넓이 정도 벌리고, 볼을 한쪽골반 옆 바닥에 둔다.

2 한손 T자들고 내쉬는 호흡에 상체와 함께 반대쪽으로 기울여 시선은 반대쪽 천장을 바라본다. 이 동작을 좌·우 5회씩 반복 실시한다.

효과 엉덩이 근육을 강화시키고 다리선을 아름답게 만드는데 도움을 준다.

주의 바닥짚고 있는 손목에 체중을 싣지 않도록 한다.

1 상체를 볼에 기대어 한발은 사선으로 뻗는다.

2 내쉬는 호흡에 엉덩이 힘으로 천천히 발끝 포인(발끝 멀리)해서 다리를 들어 올린다. 의식을 중둔근에 두고 동작을 10회정도 반복 실시한다.

12. 척추 늘리기

효과 등뒤쪽의 척추 사이사이를 늘림으로써 긴장된 근육을 이완시키고, 구부정한 자세를 교정시켜준다.

1 등 뒷면을 볼에 단단히 밀착시키고, 양무릎 골반넓이 양손은 골반 옆에 둔다.

2 내쉬는 호흡에 상체를 볼에 기대어 굴린다는 느낌으로 천천히 엉덩이를 들어 등을 볼에 기대어 눕는다.

3 양손 머리위로 만세 자세를 취한 후 좌우 균형이 흐트러지지 않도록 자세유지하며 호흡한다(1분~2분). 이 동작을 2회 정도 실시한다.

효과 척추스트레칭과 동시에 다리쪽 혈액순환을 돕는다. 균형 감각이 향상된다.

1 앞쪽 '척추늘리기' 자세에서 균형을 잡은 후 한발을 천장으로 들어올려 호흡하며 유지한다.
반대편 발도 같은 방법으로 시행한다.

14. 버트 스퀴즈

효과 복부와 엉덩이의 근력강화에 도움을 준다.

1 등을 볼에 기대고, 양발 어깨넓이정도 벌려 무릎을 굽힌 후 발끝은 살짝 열어둔다.

2 들이쉬는 호흡에 엉덩이가 약간 내려가게 하고, 내쉬는 호흡에 엉덩이를 수축시키며 들어올린다. 이 동작을 10회 정도 반복 실시한다.

효과 상체를 들어 올림으로써 등뒤라인을 예쁘게 만들고 척추기립근을 강화시킨다.

1 볼을 아랫배쪽에 밀착시키고, 양발어깨넓이로 벌린 후 발끝을 세운다.

2 손은 머리뒤로 깍지끼고 팔꿈치를 들고 준비 자세를 취한다.

3 내쉬는 호흡에 아랫배에 힘 넣고 상체를 들어 올려 5 초씩 호흡하며 유지한다. 이 동작을 5회 정도 반복 실 시한다.

16. 매끈한 등라인 만들기 II

효과 등뒤쪽 근육강화와 동시에 팔라인을 예쁘게 만들어 준다.

주의 양팔꿈치를 굽힐 때, 견갑대를 쪼이며 모아준다.

1 배를 볼에 대고 엎드린 후 양발을 어깨넓이로 벌리고 양팔을 구부려 'ㄷ'자 모양을 취한다.

2 내쉬는 호흡에 상체 들면서 팔꿈치를 굽혀 견갑하각을 아래쪽으로 쪼이며 모아준다. 이 동작을 5초씩 호흡하며 3회~5회 정도 반복 실시한다.

효과 몸의 좌·우 발런스를 맞추고, 하복부를 강화시킨다.

주의 허리가 꺼지지 않도록 아랫배를 등쪽으로 당겨 하복부 힘넣고 유지한다. 지탱하고 있는 손에 체중을 싣지 않도록 한다.

1 배를 볼에 대고 엎드린 후 양발 어깨넓이로 벌린 후 발 끝 세우고 양손목이 어깨밑에 오도록 자세를 취한다.

2 먼저 한손을 어깨높이 정도 들고, 반대쪽 다리를 엉덩이 위치까지 들어 올려 시선정면 보고 호흡하며 유지한다.(20초 정도) 이 동작을 좌·우 각각 2회씩 실시한다.

18. 힙업 운동

효과 탄력있고, 예쁜 엉덩이를 만드는데 도움을 주고, 다리선을 매끈하게 만든다.

주의 아랫배에 힘을 넣어 허리에 부담이 가지 않도록 한다.

1 배를 볼에 대고 양발 주먹한개 정도 벌린 후 양손목을 어깨밑에 둔다.

2 먼저 한발을 포인상태로 만들어 리듬감 있게 들고 내리기 20회~30회 정도 실시한다. 이때 엉덩이는 계속 힘을 넣은 상태이어야 한다. 반대편 발도 같은 방법으로 시행한다.

19. 컨트롤 백

효과 엉덩이 복부 팔 다리를 강화시키고 균형감각을 향상시킨다.

주의 손바닥 전체를 바닥에 밀착시키고, 엉덩이에 힘을 넣는다.

1 볼을 종아리 아랫부분에 두고 양손은 엉덩이 뒤쪽 바닥에 둔다.

2 내쉬는 호흡에 엉덩이와 복부에 힘 넣고 신체를 들어 올린다. 이 동작을 5초씩 3회~4회정도 반복 실시 한다.

20. 볼을 이용한 푸쉬업

효과 팔과 등근육을 강화시킨다.
주의 배를 안쪽으로 수축시키고 엉덩이를 쪼인다.

1 허벅지 아래에 볼을 두고 양손은 손끝이 45° 정도 모아둔다.

2 내쉬는 호흡에 팔꿈치 옆으로 굽히며 상체를 바닥으로 내려오게 한다. 이 동작을 5회 정도 반복한다.

효과 엉덩이와 허벅지 근육을 강화시킨다.

주의 아랫배에 힘넣고 허리에 무리가 가지 않도록 한다.

1 배 아래에 볼을 두고 양발 골반넓이하고 양손은 어깨 밑에 둔다.

2 내쉬는 호흡에 양발 천정으로 높이 들어 올린다. 양발을 번갈아 가면서 가위처럼 교차시킨다.

22. 복근강화운동

효과 복부근육을 단련 강화시켜 복부비만 해소에 도움을 준다.

주의 양손으로 목을 당기지 않는다.

1 등아래부분과 엉덩이사이에 볼을 대고 양발 어깨넓이 양손은 머리뒤로 하고 깍지낀다.

2 내쉬는 호흡에 아랫배 힘 넣고 상체 일으킨다. 이 동작을 10개씩 2회~3회 실시한다.

효과 아랫배의 힘을 이용해서 복근력을 강화시키고, 상체 어깨근육도 함께 강화시킨다.

1 정강이 부근에 볼을 두고 양손목을 어깨아래에 손끝을 11자로 나란하게 정렬한다.

2 내쉬는 호흡에 아랫배에 힘넣고 볼을 가슴부분까지 당겨온다. 이 동작을 반복 실시한다.

효과 복부강화와 어깨와 손목의 힘을 기른다. 다리선을 예쁘게 만든다

1 양무릎 굽혀 볼위에 대고 양손 어깨 넓이로 어깨밑에 손목이 오도록 바닥을 짚는다.

2 내쉬는 호흡에 한쪽발을 포인상태로 아랫배와 엉덩이 힘 넣고 천정으로 들어올린다. 이 동작을 좌·우 각각 5회씩 반복한다.

25. 원레그 오프

효과 복부, 등, 팔등 신체 핵심근육을 강화한다. 균형감각을 기른다.

1 무릎이 볼 위에 오도록 엎드리고 플랭크 자세를 취한다.

2 호흡을 계속하면서 엉덩이와 배에 힘 넣고 한쪽발만 들고 내리기를 10회 반복한다. 반대발도 같은 방법으로 실시한다.

효과 복부와 허리를 강화시키고, 다리선을 예쁘게 잡아준다.
손목과, 어깨도 강화시킨다.

1 아랫배를 볼에 대고 양발 어깨넓이, 턱을 바닥에 두고 양손은 가슴옆에 팔꿈치 굽혀 세워둔다.

2 내쉬는 호흡에 상체를 살짝 앞으로 밀며, 아랫배에 힘 넣고 두발을 천정을 향해 들어 올린다(20~30초 유지한다). 이 동작을 2회 반복한다.

효과 허리의 탄력성과 유연성을 향상시키는데 도움을 주고, 허리라인을 예쁘게 만들어준다.
주의 양무릎과 뒷꿈치가 떨어지지 않도록 비틀어준다.

1 허벅지 아래에 볼을 두고 양무릎 밀착 시키고, 양손을 T자 벌려둔다.

2 내쉬는 호흡에 양무릎이 벌어지지 않도록 한쪽방향으로 넘기고, 허리를 회전시키면서 시선은 반대쪽을 바라본다. 동작이 완성되면 5~10초 정도 유지한다.

3 반대쪽도 같은 방법으로 실시한다(좌·우 2회 정도 한다).

효과 허벅지 뒤쪽 햄스트링을 강화시킨다.
주의 공이 튀도록 뒤꿈치로 두드린다고 상상한다.

1 양무릎을 굽혀 종아리 아래에 볼을 두고 발목을 굽힌다.

2 양발 번갈아가며 뒤꿈치로 볼을 두드린다. 양발을 교대로 30~50회 실시한다.

효과 척추를 강화하고 분절시킨다. 복부, 허벅지안쪽, 삼두근, 광배근을 강화한다.

1 양발 사이에 볼을 끼워 90°로 들어 올리고, 양손 골반 옆에 바닥에 둔다.

2 내쉬는 호흡에 아랫배에 힘 넣고 볼을 천천히 머리뒤로 넘긴다.

3 동작이 완성되면 호흡하고 유지한다.

30. 햄스트링 스트레칭

효과 햄스트링과 둔부를 강화시킨다.

주의 턱이 들리지 않도록 한다.

1 종아리 아래에 볼을 두고 한발다리 들어 양손으로 종아리 잡고, 턱을 당겨준다.

2 내쉬는 호흡에 천천히 다리 뒤쪽을 늘리며 얼굴쪽으로 당긴다.

3 동작이 완성되면 5~10초 정도 유지 후 반대발로 바꾼다.

31. 싱글레그 스트레칭

효과 목굴근, 복부를 강화시킨다.
주의 심각한 목부상이 있을 경우 동작을 하지 않는다.

1 양손으로 공을 잡고 아랫배에 힘 넣은 후 상체를 바닥에서 띄우고 양무릎 굽혀 들어 올린다.

2 내쉬는 호흡에 한발씩 복부 힘 넣고 좌우 번갈아가며 45˚로 발끝을 뻗어준다. 10회 정도 반복 실시한다.

효과 엉덩이에 탄력성과 골반의 균형을 맞추어 힙을 예쁘게 만든다.
주의 공이 흔들리지 않도록 엉덩이에 힘 넣고 실시한다.

1 양발을 볼위에 올리고 두손은 엉덩이옆 바닥에 둔다.

2 내쉬는 호흡에 엉덩이를 쪼이며 힙을 들어올려 5~10초 유지한 후 내린다. 이 동작을 5회 정도 반복 실시한다.

효과 둔부강화와 중둥근을 강화시킨다. 균형감각과 집중력을 향상시킨다.

1 두발을 볼위에 올리고 내쉬는 호흡에 엉덩이를 들어 올린 후, 한발 높이 들고 골반이 흔들리지 않도록 균형 잡고 5초간 유지한다.

2 좌·우를 번갈아가며 4회 정도 실시한다.

효과 복부의 탄력성과 허벅지 안쪽근육을 강화시킨다.

주의 허리가 바닥에서 들뜨지 않도록 하고 턱이 들리지 않도록 한다.

1 등을 바닥에 대고 누워 양발사이에 볼을 끼우고 양손을 T자 벌려둔다.

2 내쉬는 호흡에 볼을 90°로 들어 올린 후, 턱을 당기고, 허리를 최대한 바닥에 밀착시켜둔다.

3 천천히 내쉬는 호흡에 허벅지 안쪽에 힘을 넣고 볼을 바닥 가까이 들고 내리기 10회 정도 2~3회 반복 실시한다.

효과 복부근육을 탄탄하게 만들고 복부지방제거에 효과가 있다.

주의 상체를 너무 과하게 들어 올리지 않고 견갑대만 바닥에서 살짝 띄운다.

1 등을 바닥에 대고 누워 양쪽 허벅지 아래에 공을 둔다. 양손을 골반옆 바닥에 둔다.

2 내쉬는 호흡에 허리는 바닥 누르고, 턱 당기며 견갑대 만 바닥에서 살짝 띄우고 시선 복부 바라보며 10초정 도 호흡 유지한다(양손바닥에서 띄운다).

3 이 동작을 3~5회 정도 반복 실시한다.

효과 목굴근, 복부, 힙플랙서, 광배근 등을 강화시킨다.

1 양발사이에 볼을 끼워 들어 올리고 양손을 머리위로 만세자세를 잡는다.

2 내쉬는 호흡에 상체일으켜 양손으로 볼을 잡는다.

3 들이쉬는 호흡에 양손 볼을 잡고 눕는다.

4 내쉬는 호흡에 상체 일으켜 볼을 양발사이에 끼운다.

5 들이쉬는 호흡에 양발 볼을 잡고 눕는다.

6 내쉬는 호흡에 상체 일으켜 볼을 양발사이에 끼운다.

7 1~6을 차례대로 10회정도 반복실시한다.

효과 어깨관절을 부드럽게 이완시키며 스트레칭 해준다.

주의 양쪽 견갑대가 바닥에서 들뜨지 않도록 고정시켜 놓는다.

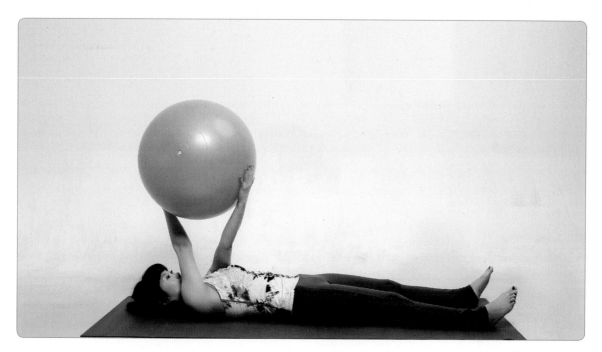

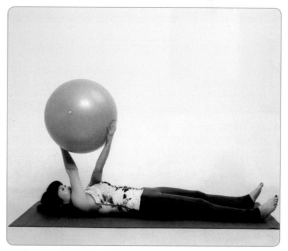

1 볼을 가슴앞쪽에 수직으로 들어올리고, 양손바닥으로 볼을 단단히 잡는다.

2 내쉬는 호흡에 턱 당기고, 손바닥 움직이지 않도록 볼을 좌우 천천히 회전시킨다. (이때 견갑대는 바닥에 밀착한다)

3 이 동작을 좌우 4~6회 반복 실시한다.

38. 스완

효과 등과 목신전을 강화시킨다. 광배근 흉근을 스트레칭 한다.

주의 시선은 정면을 바라본다.

1 배를 바닥에 대고 양발 골반 넓이로 벌리고 양손바닥 볼 위에 둔다.

2 내쉬는 호흡에 상체들고 시선 정면을 바라보며 5초 호흡하며 유지한다.

3 이 동작을 3~5회 반복 실시한다.

39. 무릎 굽혀 볼들기

효과 엉덩이 근육과, 햄스트링 근육을 강화시킨다.
주의 장골이 바닥에서 들리지 않도록 한다.

1 엎드려서 손등을 포개고 이마를 데고 발 사이에 볼을 끼워 무릎을 굽힌다.

2 내쉬는 호흡에 엉덩이와 아랫배에 힘을 넣고 허벅지를 바닥에서 띄운다.

3 동작이 완성되면 5초 호흡하며 유지한다. 이 동작을 3~5회 반복 실시한다.

효과 옆구리쪽을 자극함으로써 불필요한 옆구리살을 빼는데 효과적이다.

주의 어깨에 힘이 너무 들어가지 않도록 하고 힙이 뒤로 빠지지 않도록 한다.

1 옆으로 누워 양발사이에 볼을 끼우고 아래손은 팔꿈치 굽혀 팔베개 하고, 나머지 손은 가슴앞쪽 바닥에 둔다.

2 힙이 뒤로 빠지지 않도록 내몸을 일직선상에 두고, 엉덩이와 옆구리에 힘을 넣고 내쉬는 호흡에 볼을 들어 올린다(5~10회). 반대쪽도 같은 방법으로 실시한다.

3. 필라테스 (2) 밴드

1. 밴드를 이용한 발목운동

효과 발목 주변근육(전경골근, 장지신근, 장비골근) 등을 강화시키며 발목을 강화시켜준다.

주의 발목에 통증이 있는 경우 저항을 가볍게 하며 발뒷꿈치가 너무 바닥에서 들뜨지 않도록 주의한다.

1 양발을 골반넓이 정도로 벌려 한발에만 밴드를 감는다.

2 들이쉬는 호흡에 발끝을 내몸쪽으로 당겨온다.

3 내쉬는 호흡에 발등을 최대한 늘려준다. 이 동작을 10~15회 반복한다.

효과 경직되고 긴장되어 있는 어깨쪽 근육을 부드럽게 만들어 주고 이완시켜 준다.

주의 회전시 한쪽 어깨가 너무 빨리 회전되지 않도록 하며 등쪽 견갑골을 쪼은다는 느낌으로 회전시킨다.

1 양발 반가부좌로 앉아 밴드길이를 무릎넓이 정도로 잡는다.

2 숨을 들이쉬면서 양손을 높게 들어 올려 척추를 바르게 세운다.

3 내쉬는 호흡에 천천히 견갑골을 모아내면서 어깨회전을 한다.

4 다시 들이쉬는 호흡에 척추정렬을 하고 내쉬는 호흡에 등뒤에서 앞으로 천천히 어깨를 회전시키며 원위치로 돌아온다. 이 동작을 3~5회 반복한다.

효과 긴장되어 있는 어깨근육을 이완시켜 강화될수 있도록 도와주며 가슴흉근이 같이 열릴수 있도록 도와준다.

주의 최대한 팔꿈치를 펼수 있도록 하나 팔꿈치에 통증이 있는 경우 가동범위를 줄이거나 동작을 피한다.

1 양발을 반가부좌로 앉아 밴드를 등뒤로 보낸뒤 사선으로 잡는다.

2 들이마시는 호흡에 척추를 바르게 정렬한다.

3 내쉬는 호흡에 위에 잡은 밴드를 팔꿈치 길게 펴서 늘여준다.

4 다시 숨을 들이 마시면서 척추정렬 한뒤 내쉬는 호흡에 천천히 원위치로 돌아온다. 이 동작을 3~5회 반복한다.

효과 등라인을 예쁘게 만들어주며 어깨의 안정화를 가져다 준다.

주의 팔을 옆으로 뻗을 때 어깨와 팔이 너무 올라가거나 처지지 않도록 주의하며 가슴이 앞으로 나와 팔이 뒤로 빠지지 않도록 주의한다.

1 양발을 반가부좌로 앉아 밴드를 가슴밑에서 뒤로 교차시켜 양손으로 잡는다.

2 숨을 들이쉬면서 척추를 정렬하며 어깨가 긴장이 되지 않도록 한다.

3 내쉬는 호흡에 팔을 양옆으로 뻗으면서 견갑대를 안쪽으로 모아준다.

4 다시 들이쉬는 호흡에 척추를 정렬하고 내쉬는 호흡에 천천히 원위치로 돌아온다. 이 동작을 3~5회 정도 반복한다.

5. 등라인과 어깨라인 예쁘게 만들기

효과 등뒤쪽 견갑대에 자극을 줌으로써 등뒷태를 아름답게 만들어 주며 측면삼각근을 같이 자극하여 어깨라인을 예쁘게 만들어 준다.

주의 승모근에 힘이 들어가지 않도록 하며 팔꿈치를 굽혀 내릴 때 손목과 팔꿈치가 일직선상을 이룰수 있도록 하며 팔꿈치가 너무 아래쪽으로 내려가지 않도록 주의한다.

1 양발을 반가부좌로 앉아 밴드를 어깨넓이로 잡는다.

2 들이 마시는 호흡에 척추를 바르게 세우며 양손을 머리위로 들어 올린다

3 내쉬는 호흡에 천천히 밴드를 늘려 팔꿈치가 직각을 이룰수 있도록 내린다.

4 다시 숨을 들이마시면서 척추를 정렬하며 내쉬는 호흡에 천천히 원위치로 돌아온다. 이 동작을 5~8회정도 반복한다.

효과 가슴모양을 예쁘게 만들어주며 이두근을 같이 자극 시켜준다.

주의 팔을 앞으로 뻗을시 팔꿈치를 최대한 펼수 있도록 하고 어깨나 팔꿈치에 통증이 있을 경우
가동범위를 줄이거나 동작을 피한다.

1 양발을 반가부좌로 앉아 밴드를 먼저 목에 걸고 겨드
랑이 뒤쪽으로 보내어 등뒤에서 밴드를 교차시켜 양손
으로 잡는다.

2 숨을 들이쉬면서 척추를 바르게 정렬하여 어깨에 힘이
들어가지 않도록 한다.

3 내쉬는 호흡에 손이 서로 마주볼수 있도록 팔꿈치를
펴면서 앞으로 쭉 뻗어준다.

4 다시 숨을 들이 마시면서 척추 정렬 후 내쉬는 호흡에
급하지 않게 돌아온다. 이 동작을 5~8회정도 반복한다.

효과 가슴모양을 예쁘게 만들어 주며 가슴을 UP시켜준다.

주의 팔을 45˚ 방향으로 올리며 승모근이 따라 올라가지 않도록 주의한다.

1 양발을 반가부좌로 앉아 밴드를 먼저 목에 걸고 겨드
랑이 뒤쪽으로 보내어 등뒤에서 밴드를 교차시켜 양손
으로 잡는다.

2 숨을 들이 마시면서 척추를 바르게 정렬하고 어깨에
힘을 뺀다.

3 내쉬는 호흡에 손이 서로 마주볼수 있도록 팔을 45˚
방향 위로 뻗어준다.

4 다시 들이 마시는 호흡에 척추를 정렬하고 내쉬는 호
흡에 급하지 않게 돌아온다. 이 동작을 5~8회 정도 반
복한다.

효과 척추를 바르게 정렬하여 복부강화와 굽은 어깨개선을 시키며 팔라인을 예쁘게 만들어 준다.

주의 복부에 힘을 주어 허리가 뒤로 빠지지 않도록 하며 팔꿈치가 옆으로 벌어지지 않도록 주의한다.

1 양발을 앞으로 뻗어 바르게 밀착하여 밴드를 발에 걸어 양손으로 잡는다. 이때 팔꿈치를 몸에 밀착시킨다

2 숨을 들이마시면서 복부에 힘을 주어 허리가 뒤로 빠지지 않도록 척추를 세우며 팔을 최대한 뒤로 당긴다.

3 내쉬는 호흡에 천천히 원위치로 돌아온다. 이 동작을 5~8회정도 반복한다.

9. 로잉 프론트 I

효과 어깨의 안정화를 가져다 주며 복부강화와 햄스트링 스트레칭에 도움을 준다.

주의 팔을 들어올릴 때 어깨가 같이 올라가지 않도록 주의하며 허리가 뒤로 빠지지 않도록 한다.

1 좌골아래에 밴드를 두고 앉아 양발을 앞으로 뻗어 바르게 밀착하여 양손으로 밴드를 잡는다.

2 들이 마시는 호흡에 복부에 힘을 주어 허리가 뒤로 빠지지 않도록 척추를 정렬하며 팔을 위로 뻗어준다.

3 내쉬는 호흡에 천천히 원위치로 돌아온다. 이 동작을 5~8회 정도 반복한다.

효과 복부강화와 햄스트링 스트레칭에 도움을 준다.

주의 상체가 숙여질 때 어깨에 너무 힘이 들어가지 않도록 주의한다.

1 좌골아래에 밴드를 두고 앉아 양발을 앞으로 뻗어 바르게 밀착하여 양손으로 밴드를 잡는다.

2 숨을 들이쉬면서 척추를 바르게 정렬하며 팔을 위로 뻗어준다.

3 내쉬는 호흡에 상체를 앞으로 숙여 척추를 늘려준다.

4 다시 들이 마시면서 복부에 힘을 주어 상체를 일으킨다.

5 내쉬면서 팔을 회전하여 돌아온다. 이 동작을 3~5회 정도 반복한다.

11. 가녀린 팔 만들기

효과 팔 뒤쪽 삼두근을 자극하여 매끈한 팔라인을 만들어 준다.

주의 팔을 뒤로 보낼시 가슴이 앞쪽으로 나오지 않게 주의하며 팔꿈치에 통증이 있을 경우 가동범위를 줄인다.

1 양발을 앞으로 뻗어 바르게 밀착하여 밴드를 발에 걸어 양손으로 잡아 골반 옆에 둔다.

2 숨을 들이 마시면서 양팔을 양옆으로 45°정도 벌려준다는 느낌으로 뒤로 당긴다.

3 내쉬는 호흡에 급하지 않게 돌아온다. 이 동작을 5~10회 정도 반복 실시한다.

효과 옆구리를 자극시켜줌으로써 허리라인을 가늘고 예쁘게 만들어준다.

주의 상체 기울일 때 어깨에 힘이 들어가지 않도록 하며 양쪽 좌골을 바닥에 바르게 밀착시킨다.

1 양발을 반가부좌로 앉아 밴드를 어깨 넓이정도로 잡는다.

2 숨을 들이마시면서 척추를 바르게 세우면서 팔을 위로 들어올린다.

3 내쉬는 호흡에 상체를 늘이며 기울이고 시선을 천장을 바라보며 아래쪽 가슴을 끌어올린다.

4 다시 마시는 호흡에 어깨에 힘을 빼고 내쉬는 호흡에 천천히 원위치로 돌아온다. 이 동작을 좌우 5회정도 반복 실시한다.

13. 상체숙이기

효과 척추를 스트레칭해주며 복부수축으로 복부를 날씬하게 해주며 등근육을 탄력있게 한다.
주의 어깨에 너무 힘이 들어가지 않도록 한다.

1 양발을 앞으로 뻗어 바르게 밀착하여 밴드를 발에 걸어 양손으로 잡는다.

2 마시는 호흡에 복부에 힘을 주어 척추를 바르게 세워 정렬한다.

3 내쉬는 호흡에 천천히 척추를 늘려준다는 느낌으로 발끝을 당겨 상체를 앞으로 숙인다.

4 숨을 들이쉬면서 어깨에 힘을 빼고 내쉬는 호흡에 천천히 원위치로 돌아온다. 이 동작을 3~5회 정도 반복 실시한다.

14. 처진 팔뚝살 빼기

효과 팔 뒤 삼두근 쳐지는 살을 매끈하게 잡아주어 예쁜 팔라인을 만들어준다.

주의 바닥에 밀착되어 있는 쪽 손목에 체중이 많이 실리지 않도록 주의하며 팔꿈치에 통증이 있는 경우 가동범위를 줄인다.

1 밴드를 매트 일직선상에 두고 양무릎을 골반넓이 정도로 굽혀 테이블 자세를 취한다.

2 한손으로 밴드를 잡아 팔꿈치를 굽혀 직각으로 유지한다.

3 들이 마시는 호흡에 팔꿈치가 움직이지 않도록 하며 최대한 뒤로 뻗는다.

4 내쉬는 호흡에 천천히 원위치로 돌아온다. 이 동작을 좌우 5～10회정도 반복 실시한다.

15. 복근운동

효과 복부근육을 강화시키고 매끈한 복부를 만들 수 있다.

주의 허리가 뒤로 빠지지 않도록 주의하며 어깨에 너무 힘이 들어가지 않도록 한다.

1 양발을 바르게 밀착한 뒤 무릎을 굽혀 발바닥에 밴드를 건다.

2 마시는 호흡에 복부에 힘을 주어 두다리를 들어 올린다.

3 내쉬는 호흡에 급하지 않게 무릎을 펴 몸이 V자가 될 수 있도록 한다. 동작이 완성되면 10∼15초 정도 유지한다.

4 다시 마시는 호흡에 복부에 힘을 주고 내쉬면서 천천히 원위치로 돌아온다. 이 동작을 3회정도 반복 실시한다.

효과 둔부를 작고 힙업되게 만들어 주고 가는 다리선을 만들 수 있다.

주의 허리가 아프지 않게 하복부에 힘을 주고 무릎이 아프신 분은 수건이나 패드를 대고 시행한다.
다리를 뒤로 뻗을 때 차지 않도록 주의한다.

1 밴드 한쪽 끝을 고리를 만들어 한쪽 발바닥에 걸고 양 무릎을 골반넓이 정도로 굽혀 양손으로 밴드를 잡고 테이블 자세를 취한다.

2 들이 마시면서 고리를 걸은 발의 무릎을 바닥에서 살짝 띄운다.

3 내쉬는 호흡에 둔부에 힘으로 다리를 최대한 뒤로 뻗어 올린다.

4 마시는 호흡에 원위치로 돌아왔다 다시 내쉬는 호흡에 다리를 뒤로 뻗어 올린다. 이 동작을 좌우 10~15회 정도 반복 실시한다.

효과 둔부의 탄력과 함께 가는 팔을 만드는데 도움을 준다.

주의 팔과 다리를 뻗을 때 바닥에 닿인 부분에 골고루 힘을 분배하여 손목 무릎에 무리가 가지 않도록 주의한다.

1 밴드 한쪽 끝을 고리를 만들어 한쪽 발바닥에 걸고 양무릎을 굽혀 테이블자세를 취한뒤 반대손으로 밴드를 잡는다.

2 들이 마시는 호흡에 밴드를 건 무릎과 밴드잡은 손을 바닥에 살짝 띄운다

3 내쉬는 호흡에 팔과 다리를 뻗어준다.

4 마시는 호흡에 원위치로 돌아왔다가 다시 내쉬는 호흡에 팔과 다리를 뻗어준다. 이 동작을 좌우 3~5회 정도 반복 실시한다.

효과 내외복사근을 자극함으로써 옆구리쪽 필요없는 군살을 없애는데 도움을 준다.
주의 상체를 기울일 때 골반이 틀어지지 않도록 주의한다.

1 밴드를 매트 일직선상에 두고 양발을 골반넓이 정도로
밴드위에 선다음 한손으로 밴드끝 부분을 잡고 나머지
한손은 머리뒤로 팔베게를 한다.

2 마시는 호흡에 척추를 바르게 정렬하며 가슴흉각이 열
릴 수 있도록 팔꿈치를 연다.

3 내쉬는 호흡에 골반이 틀어지지 않도록 상체를 기울이
며 시선은 천장을 바라본다.

4 동작이 완성되면 10~15초 정도 유지한 후 원위치로
돌아온다. 이 동작을 좌우 3~5회 정도 반복 실시한다.

19. 잘록한 허리라인 만들기 II

효과 척추의 탄력성과 옆구리 군살을 제거하며 긴장된 어깨근육을 풀어주는데 도움을 준다.

주의 어깨에 너무 힘이 들어가지 않도록 주의한다.

1 양발 골반넓이 정도로 선후 밴드는 어깨넓이 정도로 양손으로 잡는다.

2 들이마시는 호흡에 척추를 바르게 세우며 팔을 최대한 위로 뻗어 올린다.

3 내쉬는 호흡에 상체를 기울이며 기울인쪽 가슴이 천장을 바라볼수 있도록 한다.

4 동작이 완성되면 10~15초 정도 유지한 후 원위치로 돌아온다. 이 동작을 3~5회 정도 반복 실시한다.

효과 어깨 가동성과 안정화를 가져다주며 측면삼각근을 강화시킨다.

주의 팔꿈치나 어깨에 통증이 있는 경우 팔꿈치를 조금 구부리거나 동작을 피한다.

1 밴드를 매트 일직선상에 두고 양발을 골반넓이 정도로 밴드위에 선다음 양손으로 밴드를 잡고 선다.

2 마시는 호흡에 척추를 바르게 세우고 어깨에 힘을 뺀다.

3 내쉬는 호흡에 손등이 위를 향하도록 양팔을 옆으로 올려 바닥과 평행이 되도록 한다.

4 마시는 호흡에 원위치로 돌아온 후 다시 내쉬는 호흡에 팔을 옆으로 올린다. 이 동작을 3~5회 정도 반복 실시한다.

21. 스탠딩 암워크- 프론트

효과 어깨의 안정화를 가져다 주며 삼각근을 강화시키는 효과가 있다.
주의 팔을 앞으로 올릴시 승모근이 따라 올라가지 않도록 주의한다.

1 밴드를 매트 일직선상에 두고 양발을 골반넓이 정도로 밴드위에 선다음 양손으로 밴드를 잡고 선다.

2 마시는 호흡에 척추를 바르게 정렬한다.

3 내쉬는 호흡에 손등이 천장 방향을 향하도록 하여 양 팔을 앞으로 올려 바닥과 평행이 되도록 한다.

4 마시는 호흡에 원위치로 돌아온 후 다시 내쉬는 호흡 에 팔을 앞으로 올린다. 이 동작을 3~5회 정도 반복 한다.

효과 삼두근을 자극하여 팔라인을 예쁘게 만들어 준다.

주의 팔꿈치가 너무 움직이지 않도록 주의하며, 팔꿈치에 통증이 있을시,밴드길이를 조절한다.

1 밴드를 매트 일직선상에 두고 양발골반넓이 정도로 밴드위에 선다음 양손으로 밴드를 잡은 뒤 무릎을 살짝 구부리고 상체를 45°정도 숙여 중립자세를 만든다.

2 마시는 호흡에 복부에 힘을 주고 어깨에 힘이 들어가지 않도록 한다.

3 내쉬는 호흡에 팔을 최대한 뒤로 뻗어준다.

4 마시는 호흡에 원위치로 돌아온 후 다시 내쉬면서 팔을 뒤로 뻗어준다. 이 동작을 3~5회 정도 반복 실시한다.

효과 어깨의 가동성과 안정화를 가져다 주며 삼각근과 회전근개를 강화시켜 준다.

주의 상완이 몸통에서 떨어지지 않도록 고정하며 손목이 꺽이지 않도록 주의한다.

1 양발을 골반넓이 정도로 선후 밴드를 어깨 넓이 정도로 잡고 손바닥이 천장을 향하게 한 후 팔꿈치를 90˚ 구부려 몸통에 붙인다.

2 마시는 호흡에 척추를 바르게 정렬한 후 상완의 축을 유지하면서 전완을 옆으로 잡아 회전시킨다.

3 내쉬는 호흡에 상완의 축과 어깨의 안정성을 유지하면서 원위치로 돌아온다. 이 동작을 3~5회 정도 반복 실시한다.

효과 삼각근과 회전근개를 강화시키면서 어깨의 안정화를 가져다 준다.

주의 어깨에 너무 힘이 들어가지 않도록 주의한다.

1 양발 골반넓이 정도 벌려선후, 양손 밴드잡고, 팔꿈치 굽혀둔다.

2 마시는 호흡에 척추를 바르게 정렬한 후 어깨에 힘을 뺀다.

3 내쉬는 호흡에 천천히 어깨를 회전시키며 팔이 바닥과 평행하게 한다.

4 마시는 호흡에 원위치로 돌아온 후, 내쉬는 호흡에 다시 팔과 바닥이 평행하게 한다. 이 동작을 5~10회 정도 반복 실시한다.

효과 둔부의 탄력성과 힘을 길러준다.

주의 지지하는 다리에 힘이 너무 들어가지 않도록 주의하며 반동을 주어 다리를 들어 올리지 않는다.

1 밴드 한쪽에 고리를 만들어 한쪽 발에 걸고 벽면에 양 발을 골반넓이 정도로 선다음 밴드 건 고리쪽 방향의 손으로 밴드를 잡는다.

2 마시는 호흡에 척추를 정렬한 후 고리건 발을 살짝 바닥에서 띄운다.

3 내쉬는 호흡에 고리건 발을 뒤쪽 45°방향으로 들어 올린다.

4 마시는 호흡에 원위치로 돌아온 후 다시 내쉬면서 발을 뻗어 올린다. 이 동작을 좌우 10~15회 정도 반복 실시한다.

효과 고관절의 유연성과 가동성을 높여주며 안정화를 가져다 준다.

주의 지지하는 팔과 다리에 너무 힘이 들어가지 않도록 주의한다.

1 밴드 한쪽에 고리를 만들어 한쪽 발에 걸고 양발을 골 반넓이 정도로 선 다음 밴드 건 고리쪽 방향의 손으로 밴드를 잡는다.

2 마시는 호흡에 척추를 정렬한 후 고리건 발을 바닥에 서 살짝 띄운다.

3 내쉬는 호흡에 발을 원을 크게 그리며 회전시킨다(왼 쪽, 오른쪽). 이 동작을 좌우 10∼15회 정도 반복 실시 한다.

27. 밴드를 이용한 스쿼트

효과 허벅지 근육을 강화시켜, 하체의 힘을 기르고, 힙라인을 예쁘게 만들어 준다.(밴드가 무릎을 잡고 있으므로 스쿼트자세로 유지하기가 훨씬 쉽다.)

1 양발 골반넓이 정도로 벌리고, 무릎 살짝 위쪽에 밴드를 묶어준다.

2 내쉬는 호흡에 천천히 무릎 굽히고, 상체 힘 빼면서 호흡하고 유지한다(10~20초).

28. 중둔근 강화운동

효과 중둔근의 힘을 길러주며 힙라인을 예쁘게 만들어준다.

1 양발을 골반넓이 정도로 벌려 종아리 부분에 밴드묶고, 한쪽으로 돌아눕는다.

2 한손 팔베게 해서 균형을 잘 잡은뒤, 내쉬는 호흡에 위에 다리를 들어올린다. 이 동작을 5~8회 정도 반복 실시한다.

29. 브릿지 자세

효과 척추기립근과 둔부를 강화시키면서 햄스트링을 자극한다.

주의 둔부를 들어 올릴시 등이 사선을 이룰수 있도록 한다.

1 매트에 바로 누워 밴드를 허벅지에 묶어 무릎굽혀 골반 넓이 정도 벌려 발을 매트에 지지한다. 양손은 바닥을 짚는다.

2 마시는 호흡에 턱을 당기고 둔부에 힘을 넣는다.

3 내쉬는 호흡에 둔부의 힘으로 들어 올려 유지한다. 이 동작을 3~5회 정도 반복 실시한다.

효과 고관절의 유연성과 안전화를 가져다 주며 복부를 같이 강화시킨다.

주의 반대쪽 골반이 흔들리지 않도록 주의한다.

1 밴드 한쪽에 고리를 만들어 한쪽 발에 걸고 매트위에 등을 바닥에 대고 눕는다. 밴드건 고리쪽 방향의 손으로 밴드를 잡고 반대손은 옆으로 뻗어 바닥을 짚는다.

2 마시는 호흡에 허리가 들뜨지 않도록 하여 발을 들어 올린다.

3 내쉬는 호흡에 발을 원을 크게 그리며 회전시킨다.(왼쪽 오른쪽) 이 동작을 5~10회 정도 반복 실시한다.

효과 상하복부를 자극시켜 복부근육을 강화시키며 햄스트링도 강화시켜준다.

주의 경추가 약하신 분은 머리를 바닥에 두고 시행한다.

1 매트에 등을 바닥에 대고 바로 누워 양발을 바르게 뻗어 밀착한 후 밴드를 걸고 양손으로 밴드를 잡는다.

2 마시는 호흡에 허리를 바닥에 누른후 다리를 들어 올린다.

3 내쉬는 호흡에 상체를 들어올려 복부를 바라보며 호흡하여 유지한다. 이 동작을 10~15초 정도 3회 반복 실시한다.

효과 척추를 바르게 정렬하고 회전력을 높여주는데 도움을 준다.

주의 지지하는 다리에 무릎이 굽어지지 않도록 주의한다.

1 밴드 한쪽에 고리를 만들어 한쪽 발에 걸고 매트위에 등을 바닥에 대고 눕는다. 밴드건 고리쪽 반대방향의 손으로 밴드를 잡고 나머지 손은 옆으로 뻗어 바닥을 짚는다.

2 마시는 호흡에 허리를 바닥에 눌러내면서 고리건 다리를 들어올린다.

3 내쉬는 호흡에 밴드잡은 손방향으로 넘기고 시선은 옆으로 뻗는 손을 바라본다. 동작이 완성되면 1~3분 정도 호흡하면서 유지한다(좌,우).

효과 골반과 척추의 교정을 해주고 내전근의 유연성도 같이 길러준다.

주의 지지하는 다리의 무릎이 굽혀지지 않게 하며 밴드 걸지 않는 다리의 골반이 뜨지 않도록 주의한다.

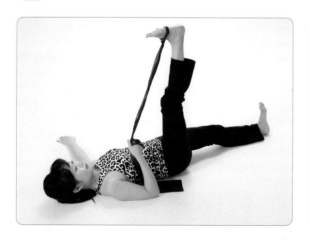

1 밴드한쪽에 고리를 만들어 한쪽 발에 걸고 매트위에 등을 바닥에 대고 눕는다. 밴드건 고리쪽 방향의 손으로 밴드를 잡고 반대손은 옆으로 뻗어 바닥을 짚는다.

2 마시는 호흡에 허리를 바닥에 눌러내면서 고리건 다리를 들어올린다.

3 내쉬는 호흡에 밴드잡은 손방향으로 다리를 넘기고 시선은 반대손을 바라본다. 동작이 완성되면 1~3분 정도 호흡하면서 유지한다(좌,우).

효과 허벅지 안쪽 내전근을 자극하여 강화시키며 둔부의 탄력성도 같이 길러준다.

주의 둔부가뒤로 빠지지 않게 주의하며 내전근의 통증이 있는 경우 가동범위를 줄인다,

1 밴드 한쪽에 고리를 만들어 한쪽 발에 걸고 밴드건 반대쪽 옆으로 몸을 눕힌다. 밴드건 고리쪽 방향의 손으로 밴드를 잡고 반대손은 머리로 뻗는다.

2 마시는 호흡에 발등을 펴면서 다리를 들어올린다.

3 내쉬는 호흡에 발목을 꺾어 다리를 내린다. 이 동작을 좌, 우 15~20회 정도 반복 실시한다.

35. 대둔근 강화운동

효과 둔부의 힘을 길러주며 탄력있는 예쁜 둔부라인을 만들어준다.

주의 무릎을 열 때 둔부가 뒤로 빠지지 않도록 주의한다.

1 밴드를 허벅지에 묶고 한쪽으로 돌아눕는다. 돌아누운 방향의 손은 머리 위로 뻗고 무릎을 90°로 굽힌다. 이 때 뒷꿈치는 둔부쪽으로 약간 본낸다. 반대손은 둔부 위에 올려 놓는다.

2 마시는 호흡에 복부와 둔부에 힘을 준다.

3 내쉬는 호흡에 뒷꿈치는 밀착한 채 무릎과 발끝을 열어준다.

4 마시는 호흡에 원위치로 돌아온 후 다시 내쉬는 호흡에 무릎, 발끝을 열어준다. 이 동작을 좌우 10~15회 정도 반복실시한다.

효과 둔부의 탄력성과 강화를 시켜 둔부라인을 아름답게 만들어 준다.

주의 무릎을 열 때 내전근에 통증이 있을 경우 가동범위를 줄인다.

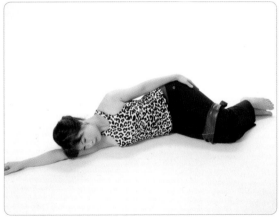

1 밴드를 허벅지에 묶고 한쪽으로 돌아눕는다. 돌아누운 방향의 손은 머리위로 뻗고 무릎을 45° 정도로 굽힌다. 이 때 뒷꿈치는 둔부쪽으로 약간 보낸다. 반대손은 둔부위에 올려 놓는다.

2 마시는 호흡에 복부와 둔부에 힘을 준다.

3 내쉬는 호흡에 뒷꿈치는 밀착한 채 무릎과 발끝을 열어준다.

4 마시는 호흡에 원위치로 돌아온 후 다시 내쉬는 호흡에 무릎, 발끝을 열어준다. 이 동작을 좌우 10~15회 정도 반복 실시한다.

효과 척추기립근과 등라인을 예쁘게 만들어 준다.

주의 발등을 바닥에 밀착하여 들뜨지 않도록 주의한다.

1 복부를 매트에 대고 엎드려 양발을 골반 넓이 정도로 벌린 후 양손은 밴드를 어깨넓이 정도로 잡아 머리위로 뻗어준다.

2 마시는 호흡에 둔부에 힘을 주어 발등으로 바닥을 눌러준다.

3 내쉬는 호흡에 상체를 반동없이 들어올린다.

4 마시는 호흡에 원위치로 돌아온 후 다시 내쉬는 호흡에 상체를 들어올린다. 이 동작을 10~15회 정도 반복 실시한다.

효과 둔부와 척추기립근을 강화시켜주며 햄스트링을 자극하여 다리라인을 예쁘게 만들어 준다.

주의 어깨에 너무 힘이 들어가지 않도록 주의한다.

1 밴드를 허벅지에 묶고 복부를 매트에 대고 엎드려 양 발을 밀착하고 양손은 머리뒤로 깍지를 껴둔다.

2 마시는 호흡에 둔부와 복부에 힘을 준다.

3 내쉬는 호흡에 하체를 반동없이 들어올린다.

4 마시는 호흡에 원위치로 돌아온 후 다시 내쉬는 호흡에 하체를 들어올린다. 이 동작을 10~15회 정도 반복 실시한다.

39. 굽은 등 펴기

굽은 등과 어깨를 열어주고 복부의 근력을 강화시켜 준다.
반동없이 상체를 들어올리고 어깨에 무리가 가지 않도록 주의한다.

1 복부를 매트에 대고 엎드려 양무릎을 굽혀 발쪽에 걸고 양손으로 밴드를 잡고 가슴 옆 바닥을 짚는다.

2 마시는 호흡에 둔부와 복부에 힘을 준다.

3 내쉬는 호흡에 반동없이 상체를 들어올린다. 동작이 완성되면 5~7초 정도 유지한다. 이 동작을 3~5회 정도 반복 실시한다.

4. 필라테스 (3) 써클

효과 분절운동, 내전근 강화, 햄스트링, 대둔근 강화
주의 복부를 당긴다.

1 바로 누워서 양 무릎 굽혀 세우고 양 무릎사이 링을 끼워 넣는다.

2 마시는 숨에 골반허리 높이들고 허벅지 안쪽으로 힘을 쪼여 숨을 내쉬고 유지한다.

효과 복직근, 복횡근강화, 허벅지 안쪽 복부 목굴근강화, 등과상체 목뒤 스트레칭
주의 허리 바닥 눌러 밀착시킨다.

1 누워서 양 손 머리 뒤 깍지끼고 양 다리 사이에 링을 끼워 놓는다.

2 마시는 숨에 상체 일으켜 턱 당기고 복부를 등뒤로 쪼여서 숨을 내쉬고 유지한다.

효과 허리 안정화, 목굴근 복부 및 엉덩이 관절굴곡근 강화

주의 복부를 계속 수축한다.

1 누워서 발목 사이에 링을 끼운다.

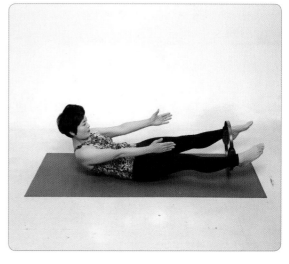

2 양 발을 살짝 들고 상체 일으켜 팔을 길게 펴서 후.후.후 숨을 짧게 내쉰다.

4. 싱글 레그 롤업

효과 복부와 엉덩이 관절굴곡근 강화, 척추분절 햄스트링 신전

주의 다리에 힘을 이용해서 한다.

1 누워서 오른발들고 발바닥에 링을 끼우고 양 손으로 잡는다.

2 마쉬는 숨에 상체 일으켜 내쉬면서 복부 당겨 숨을 내쉬고 유지한다.

효과 대둔근 근육 스트레칭
주의 이두근을 이용해서 스트레칭 강도를 높인다.

1 오른발에 링을 끼운다음 왼손으로 잡고 오른손을 바닥에 밀착한다.

2 숨을 마시고 왼쪽으로 내린 후 시선은 오른쪽으로 향하고 다리를 펴고 숨을 내쉬며 유지한다.

6. 티저

효과 복부운동 고관절 굴곡 장요근 수축 요근강화, 하체강화운동
주의 어깨와 귀가 멀어지도록 한다.

1 누워서 양 발목 사이에 링을 끼운다.

2 숨을 마시고 양 다리 높이들고 상체를 일으켜 양 팔을 높이들고 숨을 내쉬며 허리세워 유지한다.

효과 다리 뒤쪽 스트레칭

주의 등을 둥글게 한다.

1 누워서 양 발바닥에 링을 끼우고 양 손으로 잡는다.

2 숨을 마시고 상체일으켜 양 다리를 몸쪽으로 당기고 숨을 내쉬며 유지한다.

8. 더블 레그 킥스

효과 대둔근, 햄스트링 대퇴근육 안쪽 내전강화 가슴 복부 스트레칭

주의 치골, 골반을 아래로 누르고 유지한다.

1 누워서 양 발목 사이에 링을 끼운다.

2 숨을 마쉬며 양 다리를 높이들고 상체를 일으켜 숨을 내시며 허리를 세워 유지한다.

9. 더블 레그 스트레치

효과 목굴곡, 복직근, 복횡근 강화, 허리 안정화
주의 허리 바닥에 평평하게 유지해 준다.

1 누워서 양 무릎을 가슴쪽으로 당기고 양 손으로 링을 잡고 상체 일으키며 팔을 편다.

2 숨을 마시고 팔과 다리를 아래로 내리고 숨을 내쉬며 유지한다.

효과 고관절 굴곡 및 강화, 광배근 강화, 허리 안정화
주의 다리를 완전히 편다.

1 누워서 양 손을 길게 펴서 링을 잡고 가슴 앞으로 들어준다.

2 숨을 마시고 상체일으키며 오른다리를 들어 링 가까이 당기고 숨을 내쉬며 유지한다.

11. 크리스 크로스

효과 내복사근, 외복사근 강화

주의 상체를 비틀 때 견갑골이 앞면을 감싸고 등을 몸으로부터 회전을 시킨다.

1 누워서 양 발목에 링을 끼우고 양손을 머리 뒤로 깍지 한다.

2 양 다리 높이들고 숨을 마시고 상체 일으켜 척추 비틀 면서 숨을 내쉬고 유지한다.

효과 목 굴곡, 복부강화, 허리 안정화
주의 깍지낀 손으로 목을 무리하게 당기지 않는다.

1 양발 사이에 링을 끼우고 누워서 양 손을 머리뒤에 깍지 낀다.

2 숨을 마시며 상체 일으켜 턱 당기고 양 다리를 들어서 숨을 내쉬며 유지한다.

효과 허벅지 강화, 중둔근강화, 내·외복사근 강화

주의 동·골반·다리를 일직선으로 한다.

1 옆으로 누워서 한 손을 팔베게하고 한손은 팔을 굽혀서 양다리 사이를 링에 끼운 후 바닥에 밀착시킨다.

2 숨을 마시고 양 다리들고 골반이 뒤로 빠지지 않게 주의하며 양 다리 들어서 숨을 내쉬고 유지한다.

효과 대둔근, 허벅지 뒤쪽 강화
주의 다리를 무리하게 많이 들지 않는다.

1 엎드려 양 발목에 링을 끼운 후 양 손 깍지끼고 손등
위 턱을 올린다.

2 숨을 마시고 양 다리 높이들고 다리를 길게 펴서 숨을
내쉬고 유지한다.

효과 척부분절운동, 척추이완

1 무릎굽혀 세우고 앉아서 발바닥에 링을 끼우고 양 손으로 링을 잡는다.

2 숨을 마시고 상체 뒤로 구르면서 숨을 내쉬고 앞, 뒤 구르며 반복한다.

효과 팔·다리 스트레칭 복부운동
주의 발등을 길게 펴고 등을 바닥에 밀착한다.

1 누워서 양 손에 링을 끼우고 상체를 일으킨 후 양발을 살짝 들어준다.

2 숨을 마시고 오른 무릎을 접어서 당기고 숨을 내쉬고 유지한다.

17. 힌지 컬 롤-다운

효과 복부수축, 척추분절, 발목 · 배, 다리 뒤쪽 신전. 전경골근, 후경골근 자극
주의 천천히 내려가고 올라온다.

1 양 다리를 펴고 양 손에 링을 잡고 머리 위로 길게 펴 낸다.

2 숨을 마시고 척추를 분절로 내려가며 턱을 당겨 팔을 길게 펴고 등을 바닥에 밀착시킨 후 숨을 내쉬고 유지한다.

효과 회전근개운동, 승모근, 삼각근 운동

주의 골반을 교정하고 상하체를 움직인다.

1 양 무릎 굽혀 세우고 양 손으로 링을 잡는다.

2 양팔과 함께 시선 한쪽으로 넘겨 호흡하고 유지한다.

효과 척추 스트레칭, 분절운동, 요방형근신전, 장요근굴곡, 복부, 허벅지안쪽, 상두근, 광배근 강화

주의 손바닥으로 눌러서 힘을 조절해서 유지한다.

1 양 다리를 펴서 발목사이에 링을 끼운다.

2 숨을 마시고 양 다리 들고 복부힘으로 골반부터 척추를 들어올린 후 양 다리를 길게 펴고 숨을 내쉬고 유지한다.

효과 척추분절, 복부운동, 광배근, 하부승모근 스트레칭
주의 무릎이 바닥에서 떨어지지 않도록 한다.

1 바로 누워서 양손을 머리 위로 한 후 링을 잡고 누워서 발끝을 당긴다.

2 숨을 마시며 상체를 일으켜서 등을 최대한 둥글게 하고 팔을 밀며 시선은 복부를 바라보고 유지한다.

효과 등, 목 신전 강화, 광배근 가슴근육 스트레칭
주의 어깨 힘 빼고 목을 길게 한다.

1 엎드려서 양 손을 링 위에 올린다.

2 숨을 마시고 상체를 천천히 일으키고 척추를 길게 펴고 허리를 세워 정면 보며 숨을 내시고 유지한다.

효과 C곡선 자세 복부수축운동

주의 등을 최대한 스트레칭 한다. 꼬리뼈에서 목뒤까지 척추 전체를 길게 늘인다.

1 척추 허리 세우고 양 다리 펴서 발목사이 링을 끼운다.

2 팔을 펴서 링위에 올리고 숨을 마시고 등을 둥글게 하고 시선은 복부를 보며 숨을 내쉬고 유지한다.

효과 어깨 가동성 및 안정화, 회전근개 운동
주의 링을 너무 세게 잡지 않도록 한다.

1 양 무릎 굽혀서 세우고 양 손에 링을 잡고 팔을 길게 펴 운전하듯 오른쪽 돌리고 유지한다.

2 양 무릎 굽혀서 세우고 양 손에 링을 팔을 길게 시계방향으로 원을 크게 그린다.

효과 상·하 복근운동, 흉추강화
주의 다리를 직각으로 한다.

1 바로 누워서 양발 모으고 양 손으로 링을 잡는다.

2 숨을 마시고 상체 일으키고 양 다리 들어 양 무릎을 'ㄱ'자로 접어 당기고 숨을 내쉬고 유지한다.

효과 늑골 신전, 전거근, 내·외 복사근 신전운동
주의 골반교정시키고 상체만 움직인다.

1 양 손으로 링을 잡고 양 팔을 머리위로 들어준다.

2 숨을 마시고 상체를 오른쪽으로 굽히며 숨을 내쉬고 유지한다.

26. 사이드 운동

효과 중둔근 강화, 신전운동, 전거근, 복사근 강화, 신전운동, 팔 스트레칭
주의 펴 있는 다리를 굽히지 않고 엉덩이를 당긴다.

1 오른다리 굽히고 왼다리 옆으로 편 후 양 손으로 링을 잡고 머리위로 들어준다.

2 숨을 마시고 양 손을 높이들어 오른쪽으로 상체를 기울이며 숨을 내쉬고 유지한다.

27. 코어운동

효과 복부·허리 강화, 고관절, 대퇴근막장근, 장요근 신전, 대둔근 강화
주의 골반을 바르게 펴서 유지한다.

1 양 무릎 굽혀서 양 손으로 링을 잡고 팔을 길게 편다.

2 정면을 유지한 상태로 숨을 마시고 상체를 천천히 뒤로 가며 숨을 내쉬고 유지한다.

28. 골반 조이기

효과 대퇴근육 내전근 강화, 대둔근 수축 강화
주의 무릎 굽힐 때 엉덩이 뒤로 뺀다.

1 선 자세에서 양 다리 사이에 링을 끼우고 양 팔 접어서 손끝을 어깨에 올린다.

2 숨을 마시고 무릎을 접고 골반을 내리고 숨을 내쉬고 유지한다.

29. 내전근 중둔근 운동

효과 허벅지 안쪽 강화, 복사근, 허벅지 강화
주의 상체, 골반, 다리 일직선으로 한다.

(내전근 강화)

1 양 다리 안쪽에 링을 끼워서 안쪽으로 힘을 모으며, 내전근을 강화시킨다.

(중둔근 강화)

2 양 다리 바깥쪽에 링을 끼워서 바깥쪽으로 힘을 강하게 밀어서 중둔근 강화시킨다.

효과 대퇴근육강화, 대둔근 강화 신전
주의 양 무릎이 직각이 되도록 한다.

1 오른다리를 뒤로 길게 펴서 발끝 세우고 양 손으로 링을 잡고 팔을 앞으로 편다.

2 숨을 마시고 양 무릎을 굽혀서 골반 내리고 숨을 내쉬고 유지한다.

효과 다리 중심력 기르기, 허벅지 안쪽 강화

주의 서 있는 발에 중심을 잡는다.

(오른쪽)

(왼쪽)

(뒤쪽)

1 한발서서 링을 다리 사이에 끼운다.

2 바닥에 지탱하는 발 앞에 한발을 들고 유지한다.(오른쪽, 왼쪽, 뒤쪽)

5. 필라테스(4)-폼롤러(가로섹션)

폼 롤러

경제적이고 휴대성이 있어 어디서든 쉽게 운동할 수 있고, 운동의 난이도를 높이기 위한 도구로 사용된다.

폼롤러(foam roller)는 룰러(roller)라고 불리우는 필라테스 소도구로

전신을 스트레칭하고, 손에 닿지 않는 긴장된 근육을 쉽게 이완시켜 주는 특징이 있다.

신체 각 관절의 가동범위(range of motion, ROM)를 증가시키는 데 탁월한 효과가 있다.

폼롤러 운동은 자가근막이완기법(self myofacial release technique, SMRT)으로

운동선수들과 일반인들이 스스로 긴장된 근육을 쉽게 이완시킬 수 있을 뿐 아니라

목적에 따라 재활치료, 자세교정 그리고 운동 등의 여러 용도로 알려져 있다.

소도구 폼롤러(foam roller)는 물리치료사들이 수년간 재활치료와 환자들의 가정 운동 프로그램에

사용해 왔으며, 경제적이고 휴대성이 있어 어디서든 쉽게

운동 할 수 있는 특징이 있다.

신체의 수축된 근육과 신체의 무게를 이용하여

이완시켜 스트레칭이 되도록 한다.

재활순환운동에서 폼롤러는 자신의 신체 무게를

이용하여, 스스로 근육을 이완시키고 평형성을 유지시키는

운동에 중점을 두고 있다.

신체 여러 부의의 근육들을 이완시키는 셀프마사지, 밸런스

능력 향상, 근력강화

운동프로그램과

함께 다양한

방법으로

사용할 수

있다.

신체 불균형성을 인지하게 하므로 근육의 균형 능력을 재교육 시키며,

약해진 근육을 강화시키고 뭉친 근육을 이완시킨다.

기능적으로 근력을 사용할 수 있도록 도와주며,

근육과 근막을 스트레칭 하여 신체 유연성 향상에도 도움이 된다.

폼롤러는 임상적 활용으로 오십견, 근(근막)협착증, 근경화의 개선에 도움을 주며,

근육피로와 상해 예방에 도움을 주고,

뇌졸중, 소아마비 등의 환자에게 치료적 운동요법으로 적용하여,

신체의 기능적 움직임을 습득 하는데 도움을 준다.

중량이 가볍고 충격흡수력이 좋은 고급 스펀지 재질인 EVA로 만들어진

폼롤러는 길이 90cm, 지름 15cm의 긴 원형 막대기 모양을 가지고 있다.

사용 시 주의사항

· 먼저 정확한 운동의 목적을 인지한다.

· 각종 관절, 인대, 골격 위에 직접 놓고 장시간 사용하면 통증유발 위험이 있으므로 주의한다.

· 과도한 스트레칭이나 운동은 피한다.

· 폼롤러는 규칙적으로 지속적인 활용을 하여 최대의 효과를 얻을 수 있도록 한다.

· 폼롤러는 화기, 인화성 물질 등에 변형될 위험이 있으므로 보관 시 주의한다.

준비자세

필라테스 기본 누운 자세에서 폼롤러를
베개처럼 목 뒤에 대고 눕는다.
두 손으로 폼롤러 양쪽을 잡는다.
양발을 골반 넓이만큼 벌린다.

동작

내쉬는 호흡에 한쪽방향으로 고개를 돌린다.
마시는 호흡에 준비자세로 돌아온다.
이 동작을 6~10회 반복한다.

운동효과

목, 등 상부 근육 스트레칭 및 긴장 완화
경추 회전 능력 향상

Tip 긴장된 목 부위를 풀어 줄 수 있
도록 신체 움직임에 집중한다.

준비자세

필라테스 기본 누운 자세에서 폼롤러를
견갑골 하각 아래에 놓는다.
엉덩이가 바닥에 닿은 상태에서 두 손은
깍지를 끼고 상체를 뒤로 젖힌다.

동작

내쉬는 호흡에 상체를 들어올린다.
옆모습이 C커브를 유지한다.
마시는 호흡에 복부를 긴장시킨 상태에서
상체를 뒤로 제쳐 호흡을 통해 갈비뼈를 모으고, 복부를 긴장
시킨 상태에서 올라온 순서의 반대로 천천히 준비자세로 돌
아온다. 6~10회 반복한다.

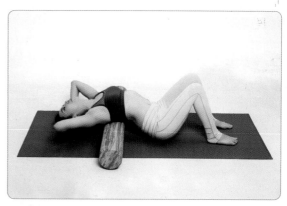

운동효과

가슴 근육 이완
복부근육 강화
흉추의 유연성
척추 분절 및 인지 능력 향상

Tip 운동 중 시선은 자신의 무릎을 본
다. 목 근육이 과도하게 긴장되지 않
도록 한다.

변형 동작

등 상부 근육 늘리기(Thoracic Release)

준비자세

폼롤러를 허리에 놓는다.

양손은 폼롤러 양쪽을 잡아 안정시킨다.

양 무릎은 구부리고 양 발을 골반 넓이만큼 벌린다.

동작

내쉬는 호흡에 양 무릎을 오른쪽 방향으로 넘긴다.

이때, 양 다리의 무게를 느낀다.

마시는 호흡에 준비자세로 돌아온다.

반대방향으로도 운동한다.

운동효과

등, 허리 근육 이완

Tip 호흡을 먼저 내쉬고, 무릎을 한 쪽으로 기울이는 동작을 취한다. 어깨, 목이 긴장되지 않게 한다.

준비자세

필라테스 기본 누운 자세에서 폼롤러를
엉덩이 아래에 놓는다.
두 손으로 폼롤러 양쪽을 잡아 자세를 안정
시키고, 두 발을 가슴 쪽으로 들어 올려
무릎을 90도로 굽힌다.

동작

마시는 호흡에 무릎을 모아 한쪽 방향으로
원을 그리면서 내쉬는 호흡에 준비자세로
돌아온다. 반대방향으로도 운동한다.
복부는 긴장된 상태를 계속 유지한다.

운동효과

엉덩이 근육 마사지 복부 근력 향상
척추 회전력 향상 몸통 안정성 향상

Tip 어깨의 안정성을 유지한다. 다리
를 돌리는 동안 허리가 과도하게 꺾이
지 않도록 주의한다.

변형 동작

척추 비틀기(Spine Twist)

5. Scissor (다리 교차하기)

준비자세

필라테스 기본 누운 자세에서 폼롤러를
엉덩이 아래 (천골 윗 부분)에 놓는다.
두 손으로 폼롤러 양쪽을 잡아 자세를 안정
시키고, 두 발을 천장 쪽으로 들어 올린다.
이때 두 다리는 서로 붙인다.

동작

내쉬는 호흡에 한쪽 다리는 가슴 쪽으로
올리고, 반대쪽 다리는 바닥 쪽으로 내린다.
마시는 호흡에 준비자세로 돌아온다.
두 다리가 가위질하는 모양을 상상하면서 동작을 실행한다.
다리를 바꾸어 동일하게 수행한다.

운동효과

다리 근육 강화
복근 강화
엉덩이 마사지 효과
몸통의 안정성 향상

Tip 어깨의 안정성을 유지한다. 복부를 수축하여 몸통이 흔들리지 않도록 한다.

변형 동작

자전거 타기(Bicycle)

준비자세

폼롤러를 엉덩이 아래(천골 윗부분)에
놓는다.
두 손으로 폼롤러 양쪽을 잡아 자세를 안정
시키고, 두 발을 천장 쪽으로 들어 올린다.

동작

마시는 호흡에 한쪽 다리는 가슴 쪽으로
올리고, 반대쪽 다리는 바닥 쪽으로 내려
다리를 벌린다. (두 다리는 45도 유지한다.)
내시는 호흡에 시계 방향과 반시계방향으로
돌려 (원을 그리면서) 제자리로 돌아온다.
반대방향도 동일하게 실행한다.

운동효과

하체 근육 조절 능력 향상 (통제력 향상)
복근 강화
몸통의 안정성 향상 (고관절의 향상)

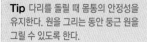
Tip 다리를 돌릴 때 몸통의 안정성을
유지한다. 원을 그리는 동안 둥근 원을
그릴 수 있도록 한다.

준비자세

등을 대고 바닥에 누워 폼롤러 위에 엉덩이
중앙 (천골 윗부분)을 올리고,
양손은 폼롤러 옆을 잡는다.
양 다리를 펴서 천장 쪽으로 향한다.
이때, 두발은 V자 모양이 되도록 다리를
외회전 한다.

동작

마시는 호흡에 두 발꿈치를 붙인 상태로
무릎을 가슴 쪽으로 구부려서 내린다.
(개구리가 쪼그린 자세를 취한다.)
내쉬는 호흡에 다리를 사선 방향으로 쭉
뻗는다.
(두 발꿈치가 떨어지지 않도록 한다.)

운동효과

하체 근육 조절능력 향상
다리, 복부의 근력 강화

Tip 다리를 가슴쪽으로 당길 때, 양
다리 근육을 조절하면서 같은 템포로
당긴다. 허리가 구부러지지 않도록 주
의한다.

준비자세

등을 대고 바닥에 누워 폼롤러 위에 엉덩이
중앙(천골 윗부분)을 올리고, 양손은 폼롤러 옆을 잡는다.
양 다리를 펴서 천장 쪽으로 향한다.
이때, 두발은 V자 모양이 되도록 다리를
외회전 한다.

동작

내쉬는 호흡에 두 발꿈치를 가볍게 8번
치면서, 다리를 내린다. 마시는 호흡에
작고 빠른 동작으로 두 발을
앞뒤로 8번 교차하면서 다리를 올린다.
(이때, 두 발은 모양은 포인으로 한다.)

운동효과

다리 근육 강화
복근 강화
다리 라인의 미용적 효과

Tip 다리를 내리고 올리는 동안 허리
가 꺾이지 않도록 한다. 어깨가 긴장되
지 않도록 한다.

준비자세

필라테스 누운 자세에서 폼롤러를 발바닥
아래에 놓는다.
두 다리는 골반넓이만큼 벌려 발이 평행이 되도록 한다.
두 손은 골반 옆에 놓는다.

동작

내쉬는 호흡에 무릎을 천천히 편다.
마시는 호흡에 두 다리는 바깥쪽 외회전
하고, 무릎을 굽히면서 두 발을 엉덩이
쪽으로 가져와 준비자세로 돌아간다.
반대 방향으로도 동일하게 실행한다.

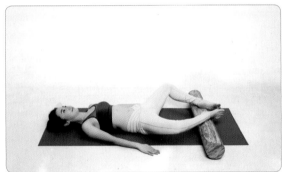

운동효과

골반의 안정성 향상
고관절의 유연성 향상
골반과 고관절의 분리능력 향상

Tip 고관절을 돌리는 동안 다리의 힘을 이용하지 말고 몸통의 심부근육을 이용해서 운동하도록 한다.

준비자세

필라테스 기본 누운 자세에서 폼롤러를
발바닥 아래에 놓는다.
두 다리는 골반 넓이만큼 벌려 발이
평행이 되도록 한다.
양 손은 골반 옆에 놓는다.

동작

내쉬는 호흡에 김밥을 말 듯이 꼬리뼈 (미추)부터
천천히 끌어 올려 엉덩이를
들어준다.
마시는 호흡에 자세를 유지하면서 척추를
신장시켜 늘인다.
내쉬는 호흡에 등, 허리, 골반 순으로
엉덩이를 바닥에 내려 준비자세로 돌아간다.
이 동작을 6~10회 반복한다.

Tip 어깨가 밀리지 않도록 한다. 무릎
사이가 밖으로 벌어지지 않도록 한다.
엉덩이를 들어 올리고 내릴 때, 폼롤러
가 구르지 않도록 한다.

운동효과

신체정렬 인식능력 향상
복부, 둔부, 슬건 근력 강화
신체 균형감각 향상
척추 유연성 향상

6. 필라테스(4)-폼롤러(세로섹션)

준비자세

머리부터 꼬리뼈 (미추)까지 폼롤러 위에
닿도록 등을 대고 눕는다.
양발을 골반 넓이보다 넓게 벌려 균형을 잡는다.
(폼롤러 위에서 필라테스 기본 누운 자세를 취한다.)
두 팔을 골반 옆에 놓고 척추를 신장시켜 늘인다.

동작

내쉬는 호흡에 몸통을 한쪽 옆으로 굴린다.
시선은 반대쪽 방향으로 본다.
동작을 반대로도 수행한다.
이 동작을 6~10회 반복한다.

운동효과

목, 등 상부 근육 스트레칭
신체 정렬의 인지 능력 향상
(목, 어깨, 머리 정렬)
척추 기립근 이완 효과

Tip 동작이 너무 과도하면 균형을 잃기 쉽다.

변형 동작

몸통과 시선을 같은 방향으로 굴린다.

준비자세

머리부터 꼬리뼈 (미추)까지 폼롤러 위에
닿도록 등을 대고 눕는다.
양발을 골반 넓이보다 넓게 벌려 균형을 잡는다.
(폼롤러 위에서 필라테스 기본 누운 자세를 취한다.)
두 팔을 천장 쪽으로 어깨 넓이만큼 벌려
들어 올린다.

동작

마시는 호흡에 어깨를 천장 쪽으로 밀어
올린다.
(견갑골의 기능적인 움직임에 집중)
내쉬는 호흡에 어깨를 바닥 쪽으로 내린다.
(팔꿈치를 굽히지 않도록 주의)

운동효과

어깨, 등 상부 근육 스트레칭
견갑골대 정렬 인지능력 향상
어깨관절 유연성 향상

Tip 호흡을 통해 견갑골의 기능적인
움직임에 집중한다. 몸을 최대한 이완
시켜 견갑골과 팔의 무게를 느끼면서
내린다.

준비자세

머리부터 꼬리뼈 (미추)까지 폼롤러 위에
닿도록 등을 대고 눕는다.
양발을 골반 넓이보다 넓게 벌려 균형을 잡는다.
(폼롤러 위에서 필라테스 기본 누운 자세를 취한다.)
두 팔을 천장 쪽으로 어깨 넓이만큼 벌려
들어 올린다.

동작

마시는 호흡에 두 팔을 머리 위로 올린다.
(갈비뼈 뒤 하단부위가 폼롤러에서 들려
떨어지지 않도록 주의한다.)
내쉬는 호흡에 두 팔을 옆으로 내리면서,
두 손이 골반 옆에 오도록 큰 원을 그린다.
(양 팔이 그리는 원의 크기가 같도록 주의)
이 동작을 6~10회 반복한다.
반대방향으로도 실행한다.
(어깨관절의 유연서 활동범위만큼 실행한다.)

운동효과

어깨관절 활동능력 향상
어깨 안정성 향상
몸통 심부근력 강화

Tip 자신의 어깨관절의 유연성 활동
범위만큼 동작을 실행한다. 만약, 두
팔을 돌리는 과정에서 안정성이 깨진
다면 한 팔씩 기능적으로 동작을 습득
한다.

준비자세

폼롤러 위에서 필라테스 기본 누운 자세를
취한다.
두 팔을 위로(천장 쪽으로) 들어 올린다.

동작

마시는 호흡에 오른쪽 팔을 머리위로 올리고
왼쪽 팔은 골반 아래로 내린다.
내쉬는 호흡에 오른쪽 팔은 시계방향으로,
왼쪽 팔은 반시계 방향으로 팔을 돌리고,
준비자세로 돌아간다.
(양 팔을 양 옆으로 펴면서 반원을 그린다.)
팔을 바꾸어 동일한 방법으로 동작을
실행한다.
(양 팔이 원을 그리는 동안 갈비뼈가 벌어지지 않도록 한다.)
이 동작을 3~5회 반복한다.

운동효과

어깨관절의 기능적 활동능력 향상
가슴, 등 상부 근육 스트레칭
어깨관절의 유동성 및 유연성 향상

Tip 갈비뼈 뒤쪽 하단이 폼롤러에서
떨어지지 않도록 한다.

준비자세

폼롤러 위에서 필라테스 기본 누운 자세를
취한다.
두 팔을 위로(천장 쪽으로) 들어 올린다.

동작

마시는 호흡에 팔꿈치가 직각을 이루도록
팔꿈치를 바닥으로 끌어 내린다.
(팔꿈치와 손이 직각을 이룬다.)
내쉬는 호흡에 두 손을 머리 위쪽 방향으로 내린다.
(자연스럽게 호흡하면서 10초간 자세를
유지하며 팔의 무게를 느낀다.)
(갈비뼈가 벌어지지 않도록 주의한다.)
이 동작을 3~5회 반복한다.

운동효과

가슴 근육 스트레칭
가슴 근육 유연성 향상
어깨, 몸통의 안정성 향상

Tip 어깨의 안정성을 유지한다. 팔의
동작을 하는 동안 두 다리가 바깥쪽 또
는 안쪽으로 벌어지지 않도록 한다.

준비자세

폼롤러 위에서 필라테스 기본 누운 자세를
취한다.
두 팔을 위로(천장 쪽으로) 들어 올린다.

동작

마시는 호흡에 팔꿈치가 직각을 이루도록
팔꿈치를 매트바닥으로 끌어 내린다.
내쉬는 호흡에 두 손을 매트바닥 방향으로
(머리 위쪽 방향) 내린다.
마시는 호흡에 자세를 유지한다.
내쉬는 호흡에 팔꿈치를 옆구리 쪽 방향으로
끌어 당긴다.
(팔꿈치와 손바닥이 같은 높이로 유지한다.)
마시는 호흡에 준비자세로 돌아간다.
이 동작을 6~10회 반복한다.

운동효과

가슴 근육 스트레칭
견갑골대, 등 근육 정렬 인지능력 향상

Tip 호흡을 통해 어깨의 기능적인 움
직임에 집중하면서 가슴근육을 스트
레칭한다. 팔꿈치와 손바닥이 같은 높
이로 유지시킨다.

7. Dying Bugs (누워 팔 다리 늘이기)

준비자세

폼롤러 위에서 필라테스 기본 누운 자세를
취한다.
왼쪽 팔은 천장 쪽으로 들어 올리고,
오른쪽 다리를 매트바닥으로부터
천장 쪽으로 들어 올린다.
(이때, 무릎을 굽혀 90도가 되도록 한다.)

동작

내쉬는 호흡에 들어 올린 팔과 다리를 서로
반대방향 사선으로 길게 편다.
(팔과 다리가 매트바닥으로부터 45도를
이루도록 주의한다.)
마시는 호흡에 준비자세로 돌아간다.
팔과 다리를 바꾸어 동일하게 동작을 실행
한다.
(팔과 다리의 움직임에 스피드가 맞게 주의)
이 동작을 3~5회 반복한다.

운동효과

복근 강화
몸통 심부근력 강화
몸통의 안정성 향상
골반굴근 강화
고관절, 어깨관절의 유연성 향상

Tip 팔과 다리를 사선 아래로 뻗지 않
는다. 동작을 하는 동안 어깨 및 골반
의 안정성을 유지해야 한다.

준비자세

폼롤러 위에서 필라테스 기본 누운 자세를
취한다.
두 손으로 균형을 잡은 상태(골반 옆)에서
구부린 두 다리를 매트바닥에서 천장 쪽으로 들어 올린다.
(다리의 각도가 90도가 되고 다리가 평행이
되어야 한다.)

동작

내쉬는 호흡에 한쪽 발끝을 매트바닥에 내려 살짝 찍는다.
(상체에 긴장을 주지 않도록 주의한다.)
마시는 호흡에 내렸던 발을 들어 준비자세로 돌아간다.
마시는 호흡에 준비자세로 돌아간다.
동일한 방법으로 3~5회 동작을 실행한다.

운동효과

몸통 심부 근력 강화
골반굴근 강화
몸통의 안정성 향상

Tip 허리가 폼롤러에서 들려 과도한
아치(Arch)가 되지 않도록 한다.

변형 동작

발끝모양을 바꾸어 동일한 방법으로 동작을 실행한다.

준비자세

폼롤러 위에서 필라테스 기본 누운 자세를
취한다.

동작

내쉬는 호흡에 꼬리뼈 (미추)를 김밥
말듯이 척추를 천천히 끌어 올려 엉덩이를 들어준다.
마시는 호흡에 자세를 유지하면서, 척추를
신장시켜 늘인다.
내쉬는 호흡에 등 쪽 척추부터 차례로
바닥에 내려놓아, 준비자세로 돌아온다.
(척추분절을 생각하면서 움직임을 주의한다.)
이 동작을 6~10회 반복한다.

운동효과

척추 분절 인지 능력 향상
척추기립근 마사지 효과
복부, 둔부, 슬건 근력 강화
척추 유연성 향상

Tip 어깨의 긴장을 풀고 가슴을 넓게
펴도록 한다. 양 무릎이 옆으로 벌어지
지 않도록 한다. 동작을 하는 동안 척
추 마디마디의 분절을 느낄수 있어야
한다.

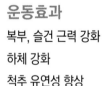
준비자세

폼롤러 위에서 필라테스 기본 누운 자세를 취한다.
두 팔을 위로(천장 쪽으로) 들어 올린다.

동작

내쉬는 호흡에 복부를 수축하면서
머리부터 가슴, 등 순으로 들어 올려 앉는다.
마시는 호흡에 자세를 유지하면서,
척추를 신장시켜 늘인다.
내쉬는 호흡에 같은 방법으로 신체를
복부를 수축하면서 꼬리뼈부터, 골반,
허리, 등, 머리 순으로 내려간다.
(복부근육을 사용하지 않으면, 과도하게
허벅지 근육을 사용할 수 있으므로 주의)
이 동작을 6~10회 반복한다.
(어깨가 올라오지 않도록 주의)

운동효과

복부, 슬건 근력 강화
하체 강화
척추 유연성 향상

Tip 자세의 안정성이 떨어져 균형을
잡기 어려우신 분은 운동시 주의를 요
한다.

7. 필라테스(5)-폼롤러(스트레칭)

준비자세

앉은 자세에서 두 무릎을 굽힌다.

(양 무릎을 굽혀 90도가 되도록 앉는다.)

두 손으로 허벅지 뒤쪽을 잡고, 두 발을

바닥에서 들어 올리면서 무게 중심을

잡는다. (옆모습의 몸통이 C커브를 유지)

동작

마시는 호흡에 상체를 뒤로 굴린다.

내쉬는 호흡에 상체를 앞으로 굴려

중심을 잡고 준비자세로 돌아간다.

(머리 뒷부분이 매트 바닥에 닿지 않도록

주의한다.)

이 동작을 6~10회 반복한다.

(동작을 하는 동안 몸의 둥근 형태를 유지)

Tip 어깨는 귀에서 멀리 떨어지게 한다.

운동효과

척추 마사지

복부의 근력 강화

어깨 안정성 향상

신체 균형감각 향상

준비자세

필라테스 기본 앉은 자세를 취한다.

허리를 곧게 펴고 앉아 폼롤러를 종아리 아래에 놓는다.

다리는 골반 넓이만큼 평행이 되게 벌리고 무릎을 자연스럽게 굽힌다.

동작

내쉬는 호흡에 천천히 다리를 평행을 유지 하면서 쭉 편다.

(골반의 중립을 지키도록 유의한다.)

마시는 호흡에 무릎을 굽혀 준비자세로 돌아간다.

(올바른 무릎의 움직임에 집중한다.)

이 동작을 6~10회 반복한다.

운동효과

종아리 마사지

무릎 관절 유연성 향상

하체 정렬의 인지능력 향상

몸통의 안정성 강화

Tip 무릎을 굽히고 펼 때, 두다리가 평행을 유지해야한다. 무릎을 펼 때 골반이 중립을 유지하도록 유의한다.

준비자세

폼롤러 위에 허벅지 바깥 부분을 대고,
양손은 어깨 넓이만큼 벌린다.
아래쪽 다리를 쭉 펴고, 위쪽 다리는 신체
균형을 잡기 위해 90도로 굽혀 아래쪽 다리
앞에 둔다.

동작

내쉬는 호흡에 상체를 머리 쪽 방향으로 움직인다.
마시는 호흡에 상체를 다리 쪽으로 움직인다.
반대쪽 허벅지도 동일하게 실행한다.
(어깨의 안정성을 유지하도록 한다.)

운동효과

장경인대 마사지
옆구리 근육 스트레칭
어깨 근력 강화
어깨안정성 인지능력 향상
복부 근력 향상
옆구리, 엉덩이, 허벅지 근육 이완 효과

Tip 폼롤러 닿는 허벅지 옆 부위에 통증이 있다면 두 팔과 한 다리로 지지면을 넓게 하여 신체의 하중을 분산시킨다. 어깨의 안정성을 유지한다.

변형 동작

두 다리를 포개어 아래쪽 발의 측면을 바닥에서 떼고 실행한다.

4. Half Body Release (옆으로 팔 다리 늘이기)

준비자세

옆으로 누워 아래쪽 팔과 다리를 곧게 편다.
폼롤러를 앞에 두고 위쪽 팔을 앞으로 뻗어
폼롤러에 올리고, 위쪽 다리의 무릎을
90도로 굽혀 폼롤러에 올린다.
(몸통의 안정성을 유지하도록 한다.)

동작

내쉬는 호흡에 위쪽 팔과 다리를 앞으로
밀어 폼롤러를 굴린다.
(시선과 상체가 바닥을 향하도록 한다.)
마시는 호흡에 위쪽 팔과 다리를 당겨
준비자세로 돌아간다.
**(관절의 가동범위(ROM)가 팔, 다리가
다르므로 천천히 동작실행에 집중한다.)**
같은 방법으로 반대쪽도 실행한다.
(호흡을 통해 코어근육을 먼저 수축해야 한다.)

Tip 처음 최초의 움직임이 복부의 심
부근육을 이용해야 한다

운동효과

전신 근육 (이완) 스트레칭
허벅지 안쪽, 팔 안쪽 부위 마사지 효과

준비자세

엎드려 누워, 허벅지 중앙 부분을 폼롤러
위에 올린다.
다리를 골반 넓이만큼 벌리고 쭉 편다.
팔꿈치를 구부려 두 손을 바닥 아래에 놓고
체중을 지탱한다.

동작

마시는 호흡에 척추를 신장시켜 놓는다.
내쉬는 호흡에 상체를 앞뒤로 움직인다.
(어깨를 기준으로 플랙션, 익스테이션으로
움직인다.)
(허리가 꺾이지 않도록 주의한다.)
(머리가 뒤로 과도하게 젖혀지지 않도록
주의한다.) 이 동작을 6~10회 반복한다.

Tip 어깨의 안정성을 유지한다.

운동효과

대퇴사두근 근육 마사지
어깨 안정성 향상
어깨, 복부의 근력 향상

준비자세

복부를 바닥에 대고 엎드린다.
양 팔을 머리 쪽 편 채로 뻗는다.
(어깨 넓이보다 넓게 양팔을 벌린다.)
폼롤러 위에 손목의 윗부분
(손목과 팔꿈치 사이)을 올려놓는다.

동작

마시는 호흡에 어깨를 귀 쪽으로 민다.
내쉬는 호흡에 어깨를 귀 쪽과 멀어지게
내린다.
(견갑골의 움직임에 집중한다.)
이 동작을 6~10회 반복한다.

운동효과

어깨 관절 유연성 향상
어깨 안정성 향상
목 근육, 상부 등 근육 이완
견갑골 인지 능력 향상

준비자세

엎드려 누워 두 팔을 어깨 넓이만큼 벌리고
머리 위로 쭉 편다.
폼롤러 위에 손목과 팔꿈치 사이의 부위에
올린다.
두 발은 골반 넓이만큼 벌리고 발이
평행이 되게 한다.

동작

마시는 호흡에 두 팔을 신장시켜 늘인다.
내쉬는 호흡에 폼롤러를 당기면서 복부의
힘으로 상체를 들어 올린다.
마시는 호흡에 준비자세로 돌아간다.
내쉬는 호흡에 양 팔꿈치를 굽히면서
폼롤러를 가슴 쪽으로 당긴다.
마시는 호흡에 양 팔꿈치를 펴면서 폼롤러를
민다.
내쉬는 호흡에 상체를 내린다.
(어깨의 안정성을 유지하고, 복부근육을
수축시켜 허리가 과도하게 꺾이지 않도록
주의한다.)

운동효과

어깨 안정성 향상
복부, 팔의 근력 강화
등 신전 근육 강화

8. Twist Mermaid (상체 비틀어 옆구리 스트레칭)

준비자세

양쪽 골반의 엉치뼈가 매트바닥에
닿도록 한다.
한쪽 팔을 펴서 옆으로 들어 올리고,
반대쪽 팔을 앞으로 뻗어 폼롤러 위에
손목을 올려놓는다.

동작

마시는 호흡에 척추를 신장시켜 늘인다.
내쉬는 호흡에 상체를 옆으로 구부린다.
마시는 호흡에 상체가 위를 향하도록 척추를
비튼다. (시선은 하늘을 향한다.)
내쉬는 호흡에 상체를 앞으로 숙인다.
마시고, 내쉬는 호흡에 맞추어 양팔을
정면으로 폼롤러를 민다.
(4박자 동안 스트레칭한다.)
마시는 호흡에 상체를 들어 올려 준비자세로
돌아간다.
(갈비뼈가 벌어지지 않도록 유의한다.)
이 동작을 6~10회 반복한다.
(팔, 다리의 자세를 바꾸어서도 동일하게
실행한다.)

운동효과

척추 회전력 향상
옆구리 근육 스트레칭
어깨관절, 옆구리 유연성 향상
고관절 내외 회전력 향상
골반 스트레칭 효과

Tip 최초의 움직임을 복부의 심부근
육을 이용하여 움직인다.

준비자세

필라테스 기본 앉은 자세를 취한다.

허리를 곧게 펴고 두 다리는 골반 넓이 만큼 벌린다.

허벅지 위에 폼롤러를 두고 그 위에 양팔을 펴서 손목을 올린다.

동작

내쉬는 호흡에 상체를 앞으로 구부리면서

(목과 어깨 근육이 긴장되지 않게 유의)

시선, 머리, 상체 순으로 폼롤러를 앞으로 굴리면서 내려간다.

(경추, 흉추, 요추, 천추, 미추 순으로 척추를 인지하면서 동작한다.)

마시는 호흡에 자세를 유지하면서 앞으로 더 스트레칭 한다.

(옆에서 보았을 때, C자 형태를 유지해 복부근육을 인지할 수 있어야 한다.) 이 동작을 6~10회 반복한다.

운동효과

척추 유연성 향상

등, 슬건 근육 스트레칭

어깨 유연성 향상

복부근육 인지 능력 향상

변형 동작

앉아서 상체 숙이기 (Spine Stretching)

10. Lats Pull (머리 뒤로 팔 내리기)

준비자세

필라테스 기본 앉은 자세를 취한다.

허리를 곧게 펴고 두 다리는 골반 넓이만큼
벌린다.

폼롤러를 양손으로 들어 머리 위 천장쪽으로
팔을 뻗는다.

동작

내쉬는 호흡에 폼롤러를 머리 뒤쪽으로
내린다.

**(어깨의 긴장을 풀고, 갈비뼈 앞 부위가
벌어지지 않게 주의한다.)**

마시는 호흡에 준비자세로 돌아간다.

(견갑골의 기능적인 움직임의 인지가 필요하다.)

이 동작을 6~10회 반복한다.

운동효과

가슴, 광배근 근력을 향상

광배근 인지 능력 향상

어깨안정성 인지 능력 향상

변형 동작

척추 비틀기(Spine Twist)

진짜 왕초보를 위한 핸드메이드 리본핀

처음부터 끝까지, 오직 리본핀 만들기에
중점을 둔, 리본공예 실용서!!!

리본을 처음 접하는 왕초보를 위해 리본구입요령부터
기본접기법, 활용법까지 생활 속 리본핀 만들기의 모든
것을 담아내었습니다.

손끝의 행복, 리본공예의 세계로 초대합니다.

특별공급가격 : 19,700원

반가워, 리본아

리본에 대한 자세한 기본 설명과 난이도
표시로 처음 시작하는 분들도 쉽게
다가갈 수 있도록 하였습니다.

헤어액세서리, 코사지 등으로 자신만의 스타일을
표현할 수 있고 소품을 이용해 다양한 분위기를
연출할 수 있습니다.

특별공급가격 : 14,900원

＊가격은 변동될 수 있습니다.

홈패션 DIY 행복을 바느질하다

홈패션에서 사용하는 기본기법 설명과
동영상 DVD 강의 및 그대로 오려
사용가능한 대형 실물 도안 수록으로
누구나 쉽게 배울 수 있는
핸드메이드 실용서!!!

실생활에서 필요한 소품에서 신생아용품,
침구까지 다양한 작품의 제작과정과 홈패션에서
사용하는 기본기법 설명으로 재봉틀을
처음 접하는 분들이 쉽게 따라 할 수 있도록
내용을 구성하였습니다.

이 책을 통해 소소한 즐거움들이
가득한 일상으로 여러분들을 초대합니다.

특별공급가격 : 19,800원

슈가크래프트&클레이케익

사랑하는 사람들을 위해 특별한 날을 위해
우리들만의 파티에 직접 만든 슈가케익을
올린다는 건 정말 소중한 경험입니다.

약간의 관심과 조금의 노력으로 누구나 시작할 수
있는 케익아트.

달콤하고 아름다운 케익아트의 세계로
안내합니다.

특별공급가격 : 26,500원

*가격은 변동될 수 있습니다.

처음 만드는 키즈 언더웨어

계절에 맞게 내가 고른 옷감으로 내 아이의 속
옷을 직접 제작해 보세요~
사랑스러운 자녀를 위해 엄마가 직접 만들어
주는 옷은 세상에서
하나뿐인 귀한 선물이 될 겁니다.

이 책을 접하는 모든 이들이 사랑하는 내 아이의 첫 속
옷을 만듦으로
기쁨이 퐁! 퐁! 샘솟는 행복한 시간이 될 것입니다
엄마의 손끝으로 지어진 옷으로 인해 아이의 마음이 점
점 깊어질 거예요~

저자가 손수 만든 총 19가지의 패턴을 수록하
여 정말 쉽고! 재밌게!
언더웨어를 만들 수 있어요

특별공급가격 : 29,000원

진짜 왕초보를 위한 똑똑한 가죽공예

가죽공예의 기초 도구에서부터 제작 기법에
대한 알짜 팁, 한 번 배우면 손 뗄 수 없는 CAD
를 활용한 패턴 그리기, 진짜 왕초보도 너~무
쉽게 따라하면 완성되는 가죽공예와 패턴의
입문서!!

가죽공예에 대한 기초적인 내용들과 실생활에 유용한
소품 제작 과정을 모두 수록하여 처음 시작하는 분들도
쉽게 접할 수 있도록 내용을 구성하였습니다.
특히, CAD 프로그램을 이용한 패턴 그리기를 집중적으로
다루어, 많은 분들의 패턴 고민을 해결하였습니다.

실물 도안과 원데이클래스 체험권까지!
하면 할수록 빠져드는 행복한 가죽공예의
세계에 오신 것을 환영합니다.

특별공급가격 : 23,000원

* 가격은 변동될 수 있습니다.

참고문헌
김혜진 외 4인 | 소도구를 활용한 필라테스 완전정복 | 아침풍경. 2015

Smile

요가 & 필라테스
Yoga and Pilates

지은이	배미선 · 안윤희 · 최혜임
펴낸곳	예스미디어 www.ymg.kr
발행일	2017년 3월 30일
등록번호	제342-251002009-000002호
주 소	대구광역시 동구 괴전동 164-3
대표전화	070-7636-9115
F A X	053-286-7582
홈페이지	www.ymg.kr
E-mail	ymgbook@daum.net
I S B N	978-89-94356-82-2
특별공급가격	26,000원
디자인 진행	홍수미, 이현숙
요가복 협찬	안다르(www.andar.co.kr)

〈저자모심〉
더 좋은 책을 만들기 위한 노력이 지금도 계속되어지고 있습니다. 어떤 종류의 책이라도 좋습니다.
여러분의 지식을 독자들에게 나누어 줄 훌륭한 선생님을 모십니다.
※문의전화 : 070-7636-9115 / 010-3182-1190(예스미디어)

〈저자와의 만남〉
책 내용에 관한 궁금한 사항이나 건의 사항 및 편집과정에서 혹시라도 발생될 수 있는 오탈자 등에 대한 의견을 주시면
적극 반영하도록 하겠습니다.

앞으로도 저희 출판사는 고객의 입장에 서서 부단히 노력하여 더 좋은 책으로 보답하겠습니다. ※보내실 곳 : ymgbook@daum.net